児童の放課後活動の国際比較

ドイツ・イギリス・フランス・
韓国・日本の最新事情

明石要一
岩崎久美子
金藤ふゆ子
小林純子
土屋隆裕
錦織嘉子
結城光夫　著

福村出版

|JCOPY| 〈(社)出版者著作権管理機構 委託出版物〉
本書の無断複写は著作権法上での例外を除き禁じられています。複写される場合は、そのつど事前に、(社)出版者著作権管理機構(電話 03-3513-6969、FAX 03-3513-6979、e-mail: info@jcopy.or.jp)の許諾を得てください。

はじめに

1 児童の放課後活動に関する研究との出会い

　本書のテーマとなった児童の放課後活動に関する研究と筆者の出会いは，2007（平成19）年の「総合的な放課後対策推進のための調査研究」に関する文部科学省委嘱研究事業（青少年野外教育財団）[1]への参加にさかのぼる。それまではほとんど，子どもの放課後活動や具体的事業としての「放課後子ども教室」を研究対象として考えることのなかった筆者にとって，全国の先導的事例のヒヤリング調査の機会を得たことは非常に新鮮な体験であり，同時に子どもの放課後活動に関する分野に研究関心を高める契機となった。

　ヒヤリング調査による共同研究をとおして，筆者は「放課後子ども教室」を国の施策として推進する背景にある，日本の子どもをとりまく環境の変化をまさに肌で感じることとなった。子どもにとって安心・安全な居場所を確保する必要性は高まっている。

　児童のさまざまな体験の不足，地域や家庭の教育力の低下など，数えあげればきりがないほど児童をとりまく状況は深刻化しており，「放課後子ども教室」は，そうした問題のある状況を克服する1つの手がかりとして，また教育基本法が第13条で新たに規定した学校・家庭・地域の連携による教育を具現化する方法としての可能性を強く感じた。

　上記の委嘱研究に取り組むなかで，2008（平成20）年度から文部科学省生涯学習政策局の生涯学習調査官として勤務する機会をいただいた。そこで調査官の職務としてはじめて取り組んだのが『「放課後子ども教室」におけるプログラム開発のために』[2]と題する手引き書づくりであった。これは，児童・生徒の放課後を支援する人々を対象に，少しでも子どもにとって魅力的で，かつ有意義なプログラムを作成するための手がかりとなることを願ってまとめた，いわばプログラムづくりのマニュアルともいえる資料作成であった。

　上記の先導的事例の研究や，地域の人々を念頭においた手引き書づくりに携わるなかで，筆者はさらに諸外国の児童の放課後はいったい，どうなっているのかという素朴な疑問をいだくようになった。そして文部科学省生涯学習政策

局外国調査課の専門職の皆様に，諸外国の取り組む児童対象の放課後活動支援に関するヒヤリング調査を申し出て，その機会を頂戴した。生涯学習政策局外国調査課の皆様は大変お忙しいなか，快く私の申し出に対応くださり，イギリス，フランス，ドイツ，アメリカ，韓国についてそれぞれのご専門の立場から放課後活動支援の現状に関する貴重な情報を提供してくださった。その結果，筆者は諸外国にも日本の「放課後子ども教室」に類する学校を場とする放課後活動支援の取り組みがあること，また放課後活動支援を研究対象とする学術的研究の蓄積はまだ少なく，当然ながら国際比較研究の取り組みも十分ではない現状を知った。さらに各国の放課後活動支援の事業名や取り組みの経緯に違いはあるものの，各国のねらいや教育施策として展開せざるをえない社会的背景には相当の共通性があるという感触を得た。そうした経緯をふまえて筆者はますます，学校を場とする児童対象の放課後活動に関する諸外国の実態をより詳しく知りたいという思いを強くした。

　本書はそうした研究動機で立ち上がった，日本学術振興会の科学研究費補助金による国際比較研究をもとにしている[3]。ここでは児童対象の放課後活動支援に関する国際比較研究の第一段階として，ドイツ，イギリス，フランス，韓国における国および首都レベルの教育行政関係者，および現地学校関係者とのヒヤリング調査にもとづく教育施策の実態把握と，日本を含む5カ国の児童対象の質問紙調査によって，各国の取り組む児童対象の放課後活動の効果を明らかにすることを目的とした。本書は，筆者が当初「夢の研究」と考えたものが，科学研究費を得て，さらに文部科学省生涯学習政策局の皆様や，共同研究者の先生方，海外の行政関係者，学校関係者，在留日本大使館関係者など，じつに多くの方々のご支援とご協力によってまとめることのできた1つの成果だといえよう。

　われわれはドイツでのヒヤリング調査において，ドイツ連邦政府の全日制学校に関する研究に長年携わってこられたスティッヒャー教授（Prof. Dr. Ludwig Stecher）にお目にかかり，ドイツ全日制学校に関する研究成果の発表を拝聴する機会を得た。われわれ，調査研究のメンバーがベルリンを訪問したのは2010（平成22）年11月初旬であったが，スティッヒャー教授他，関係者の方々からそのわずか2週間後にドイツ・ギーセン（Gießen, Germany）において放

課後活動に関する国際会議を開催予定であり，放課後活動の国際研究組織を立ち上げようとしているとの情報提供をいただき，当該会議にぜひ出席してはどうかとのお誘いもいただいた。残念ながら，さすがに期日が間近すぎてその会議への出席はかなわなかったが，われわれが着目した児童対象の放課後活動支援の国際比較研究は，他国においてその動きが開始されており，時宜を得た研究であることを改めて認識した[4]。

2 児童の放課後活動の概念規定と本研究の方法

本研究が分析対象とする児童の放課後活動とは，「児童・生徒を対象に正規の授業後（または授業開始前）に，学校を場として教職員や地域住民，保護者等の支援のもとに実施される組織的な学習や体験活動」を意味することとした。

この概念規定に対応する日本の教育施策は，2004（平成16）年の「地域子ども教室」を端緒としている。2007（平成19）年度より同事業は名称を「放課後子どもプラン」と改称した。放課後子どもプランとは，地域社会のなかで放課後や週末等に子どもたちが安全で安心して，健やかに育まれるため，文部科学省の「放課後子ども教室推進事業」と厚生労働省の「放課後児童健全育成事業」を一体的，あるいは連携して実施する事業を意味している。

本研究の分析対象とする学校を場とする児童の放課後活動は，日本の場合，放課後子どもプランとして実施される「放課後子ども教室事業」にあたる。これは放課後や週末等に子どもたちの適切な遊びや生活の場を確保したり，小学校の余裕教室などを活用して，地域の方々や保護者の参画を得ながら，学習やスポーツ・文化活動，地域住民との交流活動などの取り組みである。なお，2011（平成23）年度の文部科学省の統計によれば，全国で放課後子ども教室事業を展開する事例は，9,733カ所存在しており，そのうち6,993カ所（71.8％）は小学校の児童対象に実施されている[5]。したがって日本の場合，小学生を対象とする取り組みが非常に多い現状にある。なお，日本の放課後子ども教室の実態に関する研究としては，冒頭で述べた筆者らが携わった先導的事例の研究や，全国の実施状況を把握する統計的研究があるが[6]，筆者の管見するかぎり，実証的研究の蓄積はまだ十分とはいえない状況にある。

国際比較研究にあたり，本研究では異なる国の調査に統一性を確保するため，

前述の概念規定で述べた放課後活動のなかでも,初等教育段階の児童を対象とする(おおむね6,7～12歳)の放課後活動に着目することとした。さらに研究方法として,海外4カ国では(1)～(3)のヒヤリング調査,および(4)の統計的調査を実施した(海外4カ国の国レベル,首都レベル,モデルとなる学校現場での放課後活動支援の取り組みの実態解明〔(1)～(3)〕と,日本を含む5カ国の首都,およびその近郊に在住する児童対象の質問紙調査にもとづく放課後活動の効果の検討〔(4)〕が,本研究のミッションである)。

(1) 国の教育行政担当者とのヒヤリング調査により,国の取り組みの経緯,法的根拠の有無,予算等の財政面を含む放課後活動支援の実態を解明する。
(2) 首都部の教育行政担当者とのヒヤリング調査により,首都での取り組みの経緯,条例等法的根拠の有無,予算等の財政面を含む放課後活動支援の実態を解明する。
(3) 首都部の学校2校以上での学校関係者とのヒヤリング調査により,学校としての取り組みの経緯,予算等の財政面を含む放課後活動支援の実態を解明する。
(4) 首都部でヒヤリングを実施したモデル校を含む,児童(8～13歳未満)対象の質問紙調査を実施し,日本を含む5カ国の放課後活動支援の効果を検討する。

3 本書の構成

本書は,以下のような構成でまとめられている。

第1章は,ドイツの全日制学校にもとづく放課後活動支援施策についてドイツ連邦政府,および首都ベルリン州,さらには南部バイエルン州政府の取り組みが示される。またベルリン市内2校のモデル校の実際の取り組みや特徴を紹介する。

第2章は,イギリスの拡大学校にもとづく放課後活動支援施策について,現状と課題を検討する。具体的事例はロンドン市内の小学校の取り組みを検討するほか,放課後活動の評価方法については本書,巻末資料においても取り上げて紹介する。

第3章は,フランス政府,およびパリ特別市が随伴教育活動として展開す

る児童の放課後活動支援施策の現状と課題を検討する。パリ市内2校の具体的事例のほか，学校が水曜日に余暇センターとして活用される取り組みを紹介し，検討する。

　第4章は，韓国政府，およびソウル特別市における放課後学校施策の現状と課題を検討する。ソウル特別市内実践例は，モデルとなった2校の公立学校について取り上げ，詳しくその取り組みの実際を紹介する。

　第5章は，ドイツ，イギリス，フランス，韓国，日本の首都部，およびその近郊に在住する児童を対象に実施した質問紙調査の分析結果をもとに，児童の観点から放課後活動の実態と，学校を場とする放課後活動支援の効果を検討する。さらに5カ国の児童対象調査をもとに，とくに日本の児童の特性について検討する。

　最後は座談会として，海外4カ国での現地ヒヤリング調査や，日本を含む5カ国の児童対象調査の結果をふまえ，放課後活動支援の教育政策的意義と効果について研究分担者となったメンバー全員での協議を行いまとめた。いわば自由な意見交換を原則とする本研究会のありようを紙面の上で再現する試みである。同時に，その協議内容は，本研究のまとめであるとともに，今後の発展可能性につながるものでもある。巻末には，さらに海外4カ国の放課後活動支援に関する訳出した関係資料を掲載するほか，日本語版の児童対象調査票を掲載した。

　日本で現在も実施される「放課後子ども教室事業」等，児童・生徒の放課後活動支援に携わる地域の方々，保護者，教育委員会関係者，学校関係者が，本書によって現在の取り組みが世界的動向のなかに位置づく重要なものであることを認識し，自分たちの取り組みに自信をもつきっかけとなっていただければ幸いである。また本書に掲載した各国の取り組みや，児童対象の国際比較調査の結果から，今後の日本の実践に少しでも役立つヒントを見つけていただければありがたい。さらに本書は，今後，日本における放課後活動支援に関する国際比較研究の端緒を開くものとなることを願いたい。

2012年10月

金藤　ふゆ子

注
1) 平成19年度文部科学省委嘱研究事業・㈶青少年野外教育財団（編） 2008 総合的な放課後対策推進のための調査研究（報告），平成20年度文部科学省委嘱研究事業・㈶青少年野外教育財団（編） 2009 放課後子ども教室のボランティア指導員に関する調査を参照。
2) 金藤ふゆ子 2010 「放課後子ども教室」におけるプログラム開発のために
http://www.houkago-plan.go.jp/houkago/index.html
3) 本書は，日本学術振興会科学研究費補助金基盤研究（B）2010-2012年度研究「初等教育段階の児童を対象とする放課後活動支援のあり方に関する国際比較研究」（研究代表 金藤ふゆ子）課題番号22402051にもとづくものである。
4) Jutta Ecarius, Eckhard Klieme, Ludwig Stecher, Strategy Paper for an International Meeting and the Launch of an International Scientific Network on Extracurricular and Out-Of-School Time Research, Giessen and Frankfurt, 23 May, 2010
5) 文部科学省　平成23年度放課後子ども教室実施状況
http://www.houkago-plan.go.jp/houkago/index.html
6) 日本システム開発研究所　2008　平成19年度文部科学省委託調査，総合的な放課後対策推進のための調査研究　放課後子どもプラン実施状況調査報告書

目　次

はじめに (3)

第1章　ドイツの全日制学校の実践からみた放課後活動 …………… 11
1　ドイツ連邦政府による放課後改革の経緯と現状 (11)
2　ベルリン州・バイエルン州の実践紹介 (16)
3　ドイツの取り組みの特徴と課題 (27)

第2章　イギリスの拡大学校の実践からみた放課後活動 …………… 32
1　イギリス政府による放課後改革の経緯と現状 (32)
2　イギリスの拡大学校／拡大サービスの実践紹介 (40)
3　イギリスの取り組みの特徴と課題 (55)

第3章　フランスの学校を場とする放課後活動 …………………… 62
1　フランス政府による放課後改革の経緯と現状 (62)
2　パリ大学区による放課後改革の現状 (66)
3　パリの小学校・余暇センターの実践紹介 (71)
4　フランスの取り組みの特徴と課題 (77)

第4章　韓国の放課後学校の実践からみた放課後活動 ……………… 84
1　韓国における放課後改革の経緯と現状 (84)
2　ソウル市内の2つの実践例 (91)
3　韓国の取り組みの特徴と課題 (97)

第5章　国際比較調査からみた放課後活動の実態と効果 …………… 99
1　児童対象国際比較調査の概要 (99)
2　児童対象の5カ国国際比較調査からみた放課後活動の実態 (106)

3 放課後活動の効果——子どもにどのような力が育まれるのか（112）
   4 調査結果からみた日本の子どもの特徴と課題（125）

おわりに（137）

〈座談会〉 児童の放課後活動の国際比較研究会 ……………………141

巻末資料 ……………………………………………………………157
   1 ドイツの全日制小学校——ベルリン市の組織形態（157）
   2 バイエルン州全日制学校の概要（159）
   3 イギリスの拡大学校（165）
   4 フランスの学校周辺活動にかかわる費用（171）
   5 韓国の放課後学校（173）
   6 日本の放課後の過ごし方の調査（180）

第1章
ドイツの全日制学校の実践からみた放課後活動

1　ドイツ連邦政府による放課後改革の経緯と現状

a　ドイツ連邦共和国の教育制度

ドイツの教育制度を知るうえで注意しなければならないことは，日本と同じように自由主義経済の国とはいえ，行政組織を含め学校をめぐる状況が日本とは大きく異なることである。

第一には，国名である「ドイツ連邦共和国」が示すように連邦政府であり，教育行政上の組織の名称は「教育研究省」となっており，その任務は国際交流や学術，研究助成が主なものとなっていて，学校教育については全国16州の政府の所管となっている。そして，これら各州の教育行政上の連絡・調整を図る機関として，各州教育大臣会議が置かれ，共通性が確保される仕組みとなっている。

各州政府にはそれぞれ教育省が置かれており，学校の教育計画を定めるなどしている。ちなみに，学校教育を除く，社会教育，女性教育，青少年教育などは，ドイツ連邦共和国の行政組織では，「家庭・高齢者・女性・青少年省」が担当している。

第二には，6歳から始まる義務教育の9年間（一部の州は10年間）は，日本と同じであるが，初等教育の4年間修了後の中等教育はハウプトシューレ（5年制，主として卒業後に就職して職業訓練を受ける者），レアルシューレ（6年制，主として卒業後に職業教育学校に進むか中級の職に就く者），ギムナジウム（8年

制または9年制，主として大学進学希望者が進む），総合制学校（6年制，上記の3タイプに属さない新しい学校）といった学校に進む複線型の学校教育制度となっていることなどである。

　第三には，本章にかかわるが，ドイツの学校は，伝統的に午前中で授業を終える半日制ということである。しかし，学校教育を午後まで拡張しようとする全日制学校をめぐる議論は，30年以上前から行われており，連邦政府・州会が全日サービスの拡充を求めていた。また，1970年代には全日モデルの組織的な実験も行われ，わずかな数とはいえ，ヘッセン州，ノルトライン＝ヴェストファーレン州，ラインラント＝プファルツ州において総合学校と特別支援学校というかたちで行われていた。

b　ドイツ連邦政府による放課後改革の経緯

(1)　全日制学校の提起

　このようにドイツでは，以前から全日制学校導入の要請が潜在的にあったにもかかわらず，長い間顕在化することはなかった。しかし，1996年に公表された第3回国際数学・理科教育調査（TIMSS〔ティムズ〕）におけるドイツの子どもの低調な結果に対してドイツ国民から向けられた非難をふまえ，各州教育大臣会議では，2001年に学校教育の改善について，就学前教育でのドイツ語教育の強化，教育上不利な家庭の子どもへの支援について合意している。さらに，2001年12月にOECDが公表した「生徒の学習到達度調査」（PISA〔ピサ〕）において，ドイツは参加した32カ国中で，読解力が21位，数学，自然科学領域が20位という低調な結果であった。

　このような国際学力比較調査結果低下の背景・原因として，読解力の低い生徒の割合が高く，移民の背景を有する子どものドイツ語教育が十分でないこと，3つに分岐している後期初等教育が共通の基礎教育の妨げになっていること，読書量が少ないことなどが指摘された。

　このような状況をふまえ，同年12月に各州教育大臣会議では，学校教育を改善するための措置とし，就学前教育におけるドイツ語教育の充実，移民の背景を有する家庭の子どもへの支援を申し合わせている。

　2002年6月には，当時のブルーマン連邦教育研究大臣が，PISAの結果に

よりドイツの子どもの学力低下が明らかになったとして，次の5項目からなる学力向上プログラムを発表している。

① 在校時間を延長した「全日制学校」の拡大

　家庭で勉強の手助けを得られない子どもや，家庭でドイツ語以外の言葉を話す子どもの増加に対処し，子どもにとって，よりよい学習環境を提供するため，在校時間を延長した「全日制学校」の拡大をめざすとして，2003～2007年に40億ユーロ（1年あたり10億ユーロ）を特別予算として計上し，1万校以上の「全日制学校」を増設する。

② 教育スタンダードの設定

　学習到達目標を設定するとともに，就学義務期間中における，各学校の授業科目，教材に関する共通基準を定める。

③ 全国学力調査の実施

　上記の全国共通到達目標の定着を定期的に把握するために，全国学力調査を実施する。

④ 教育年次報告の公表と教育評議会の設置

　「研究」については，2年ごとに「研究に関する連邦報告書」が公表されていることから，「教育」についても教育評議会を設置して，報告書が公表されるべきである。

⑤ 連邦各州共同プログラムの創設

　ドイツ語能力の促進，移民の背景を有する子どもの学習支援，理数教育の充実等を図るべきである。

(2) 全日制学校の拡充

　2002年7月，当時のゲルハルト・シュレーダー連邦首相は，ドイツ国民に向けた「首相からの手紙」を公表している。連邦首相が，教育問題について国民宛の書簡を公表するという措置は異例であり，それだけPISAの結果がドイツ国民に大きな衝撃を与えたと推察される。

　この書簡で，連邦首相は，この州よりあの州のほうが成績がよいといった議論をするのではなく，今，われわれはドイツの学校と教育の改革に全精力を傾けなければいけないとし，連邦政府は，全日制学校拡充のために40億ユーロの補助金を支出すること，ドイツに移民してきた家庭の子どもには，重点的に

支援しなければならないこと，学校は成績だけではなく，その子の才能と創造力を伸ばす場所でもあり，その人間性を高める場所，運動・芸術・社会的活動において認められる場所でもあることから，学校と教員は，そのために家庭と近隣の諸団体・機関と強いパートナーシップを築く必要があると呼びかけている。

　2003年5月に連邦政府と各州政府の間で全日制学校導入に際しての援助協定が締結・発効している。各州教育大臣会議では，全日制学校について「1日あたり7時間以上の在校時間の日が週に3日以上」と定義したうえで，全日制学校の導入にともなって必要となる給食室等の施設の増改築に対して，各州の要求にもとづき助成することに合意している。

　このような連邦政府の予算措置や各州教育大臣会議での合意により，ドイツにおける全日制学校が飛躍的に増加することになった。

c　ドイツ連邦共和国における全日制学校の現状

　2002年の全日制学校数は4,951校であったが，2008年には12,000校となるなど全日制学校は着実に増加している。

(1)　全日制学校のタイプ

　全日制学校のタイプは，次の3つに区分できる。
① Open All-day School（選択制・自由参加式）
　学校が午後に提供するプログラムに子どもが任意で参加するタイプ。
② Fully Compulsory All-day School（必須式）
　学校が午後に提供するプログラムにすべての子どもが参加するタイプ。
③ Part Compulsory All-day School（部分必須式）
　学校が午後に提供するプログラムに参加するクラスと参加しないクラスがあるタイプ。

　2010年現在，全ドイツでは，上記のタイプの学校のなかでは，学校が午後に提供するプログラムに子どもが任意で参加する（Open All-day School）タイプの学校が88％を占めている。また，全ドイツの25％の子どもが全日制学校に参加している。

　全日制学校は，旧東ドイツの各州で導入が進んでいる。ベルリン州およびノ

ルトライン＝ヴェストファーレン州，テューリンゲン州，ザクセン州においては，ほぼすべての初等教育学校において全日制学校が導入されている。バイエルン州の全日制学校は必ずしも多くないが，初等教育学校とギムナジウムを重点に拡充されつつある。

また，全日制学校のタイプ別では，ブランデンブルク州，ヘッセン州，シュレースヴィヒ＝ホルシュタイン州においては，子どもたちが任意で午後のプログラムに参加するタイプの学校が優先され，ブレーメン州，メクレンブルク＝フォアポンメルン州，ラインラント＝プファルツ州においては，すべての子どもたちが参加するタイプがより多く導入されている。

(2) 全日制学校が提供する午後のプログラム

初等中等教育学校で，提供されているサービスでもっとも多いのは，昼食サービス，宿題支援，スポーツもしくは音楽・芸術活動である。初等教育学校では，個人の興味に応じたサービスが多く，3分の2の学校で補習を行っている。中等教育学校では，科学技術，メディア，工作，補習など個々の授業科目に関連するサービスが提供されている。

午後に提供されているサービスには，教員と学外の教育的人材が携わっている。連邦政府が実施した「全日制学校発展研究アンケート調査結果」（2008年改定版第二版）によれば，自由参加式の全日制学校では，全教員のうち31％の教員が午後のサービスに加わり，必須式の全日制学校では，41％の教員が午後のサービスに加わっているとしている。また，ほとんどすべての全日制学校では，学外の教育的人材が勤務している。とくに学外の教育的人材として多いのはスポーツ関係者となっている。

（参考）民間青少年援助団体が提供するサービス

ドイツ連邦共和国においては，ユースホステルやスポーツクラブにみられるように，全日制学校が提供するサービスとは別に，社会教育団体からさまざまなサービスが提供されており，これに多くの子どもたちが参加している。

1998年の「第12回シェル青少年調査'97」（Leske Burdrichi, Oplade: Jugend'97）によれば，13〜24歳の青少年の44％が何らかの青少年団体に加入していると報告されている。また，12〜14歳の子どもたちの58％が何ら

かのスポーツ系青少年団体に，20%が文化系青少年団体にそれぞれ所属しているとされている。

さらに，同年において報告された「ドイツにおける子どもたちの自由時間に関する調査」（文部省委嘱調査「青少年教育活動研究会」）においては，ラインランド＝プファルツ州の3ギムナジウムに通う11歳および14歳の子どもたちの76%（男子81.7%，女子69.3%）が青少年向けの団体・クラブに加入している。男子では，51.1%の者がスポーツ系の団体・クラブに加入し，文化系団体・クラブには3.5%，スポーツ系と文化系の双方に加入しているのは27.5%となっている。女子では，27.1%の者がスポーツ系の団体・クラブに加入し，文化系団体・クラブには7.3%，スポーツ系と文化系の双方に加入しているのは34.9%となっている。なお，文化系団体・クラブの具体的な活動としては音楽関連が63%を占め，次いで教会系が28%などとなっている。

したがって，ドイツでは，全日制学校の拡張のみならず，学校教育とは別に，伝統的に社会教育団体が提供している実施主体の異なる青少年向けのサービスが数多く提供されており，多くの青少年がスポーツや文化活動に参加しているとみることができる。

2 ベルリン州・バイエルン州の実践紹介

a ベルリン州の場合

(1) ベルリン州の全日制学校成立の経緯と特徴

旧西ドイツの教育システムは，100年程前から半日制基礎学校の制度をしいてきた。半日制基礎学校とは平日に児童がおよそ7:30～13:30までのカリキュラムを履修し，給食はなく授業終了後，帰宅する初等教育のカリキュラム，およびその制度を意味している。

一方，全日制基礎学校とは午前中の授業のみでなく，13:30以降も授業や特別活動等を実施し，さらに給食も支給して半日制よりも長時間の学校教育を展開するカリキュラム，およびその制度である。現在のドイツの基礎学校には義務（必須式）全日制，一部義務（必須式）全日制，およびオープン（選択

制・自由参加式）全日制の3種の制度が展開されている。義務全日制とは，7：30～16：00までのカリキュラムの履修を全児童に義務化する学校制度である。一方，一部義務全日制やオープン全日制は，午後のカリキュラムの一部を義務化する制度や，あるいは午後のカリキュラムの履修を選択制とする制度を意味している。

　ドイツは連邦制を採用しているため各州政府の権限が強く，国の推進する政策が全国一律に実施される体制とは異なるが，全日制学校は現在，多くの州で進展・増加が認められる。とくに旧東ドイツに位置づく州の導入率が高く，ここで取り上げるベルリン州は，全州的に全日制学校の導入・推進に取り組む先進地域である。

　全日制学校は，カリキュラムを午後も実施することによって正規授業の延長を図り，児童・生徒の学力向上をめざす目的があるほか，日本の放課後活動の支援にみられるように安全・安心な居場所の確保，児童への多様な経験の提供，保護者の負担軽減，教育格差の是正など複合的な目的で実施される取り組みといえる。日本と異なる面としては，中東諸国，とくにトルコからの移民が数多く存在しているため，その子弟にドイツ語の学習機会を提供し，ドイツ人としてのアイデンティティの確立をめざす点があげられるであろう。

　ベルリン市では現在，およそ全市民の約20％が，ドイツとは異なる文化圏からの市民で占められるという。一方，初等教育段階の児童数でみるとその割合はさらに増加し，児童全体の約40％が移民の子弟で占められる。したがって，そうした児童にドイツ人としての自覚をもつドイツ語教育を含む教育が，国および州政府の重大な教育課題になっている。

　ベルリン州政府は，ベルリン州議院から要請を受けて基礎学校分野のオープン全日制学校の枠組みを規定する報告を2004年に提出し[1]，2005年の州法改正によって全ベルリン特別市内の基礎学校を全日制基礎学校とする改革を行った。以下では，2010年秋にわれわれ調査研究メンバーが現地を訪問し，ドイツ連邦政府関係者，ベルリン州政府，バイエルン州政府関係者とのヒヤリング調査，およびベルリン市内の義務全日制基礎学校とカリキュラムを選択制とするオープン全日制基礎学校訪問で得た資料をもとに事例紹介を行う。なお，バイエルン州については，州政府提供の資料をもとに当該州の全日制学校の現状

や経緯を説明する。

(2) ベルリン市の完全義務制の全日制基礎学校
——テルトウ基礎学校（Teltow Grundschule）の事例紹介

①テルトウ基礎学校の概要

　ベルリン市中心部にあるテルトウ基礎学校は，全児童に7：30〜16：00までの授業の履修を義務づける義務（必須式）全日制基礎学校である。本校の全児童数は約260名であるが，ベルリン市内の基礎学校の平均児童数がおよそ約400名であることに比すと，比較的小規模校だといえる。また，ベルリン市内の基礎学校は1クラスの平均児童数が平均24名となっているが，本校は特別支援を要する児童もいるため1クラスの児童数は21名であり，少人数クラスを実現している。

　児童の80％はドイツ本国以外からの移民の子弟であり，全児童数に占める割合が高い。1, 2年生は3クラスあり，3, 4年生はそれぞれ1クラスある。移民の子弟の増加は，ドイツを含む多くのヨーロッパ諸国の直面する課題である。それらの児童の教育のあり方の検討が，同時に教育施策上の喫緊の課題ともなっている。

　ベルリンの基礎学校にかぎっていえば，学校が大きければ校長は複数いる場合が多い。その場合，校長，第1副校長，第2副校長という役職名で呼

図1-1　ベルリン市テルトウ基礎学校の全景

ばれ，チームで学校経営を行っている。一般的に校長は外部との交渉の責任者であり，副校長が学校内の日常の運営を行っているケースが多い。テルトウ基礎学校には2名の校長が存在している。ヒヤリング調査時の説明によれば，そのうちの1名は学校の最高責任者の校長であり，もう1名はエチィアー（Erzieher）と呼ばれる正規教員をサポートする補助的教員を統括する校長である。

なお，保護者の全日制学校の年間負担額は，後述の学校も同様に41段階の所得水準別に分けられて支払いがなされる。ベルリン市の場合，保護者の負担額は毎月32〜243ユーロまでの幅がある。なお，それらの保護者負担額には，毎月の給食費23ユーロが含まれている。

②テルトウ基礎学校の放課後活動の目的とスタッフ等人的面

テルトウ基礎学校の校長によれば，主たる放課後活動の目的は，語学力（母語としてのドイツ語）と学力の向上にあるとのことであった。全日制学校は，個人の才能の育成と教育格差の是正を目的に展開されることがドイツ連邦政府や州政府の目標として掲げられているが，この学校ではとくにドイツ語の語学力と学力向上が強く意識されている。

ドイツの放課後活動を支援する人材は，基本的には正規教員とともにエチィアーと呼ばれる補助的教員を中心としている。ドイツの正規教員は国家試験で資格取得を行うが，エチィアーは専門学校卒業から2年間の実習を経て資格取得がなされる。

テルトウ基礎学校のスタッフ等人的面についてみると，正規教員30名，エチィアーと呼ばれる補助的教員が23名の計53名が存在している。テルトウ基礎学校のエチィアーの勤務時間は，6：00〜14：00までと，10：00〜18：00までの2交替制である。正規教員，エチィアーともにフルタイム勤務とパートタイム勤務があるため，全員がいっせいに学習指導等を行うわけではないが，単純に計算すれば前述のように全児童数が260名であるため，1教員あたりの児童数は約5名であり，教員数はかなり多いといえよう。さらに本校の学習指導など学校支援は，定年退職後の人材など多様な人々がボランティアとして協力している。そうしたボランティア数は，学校全体で計20〜25名いるとのことであった。

③テルトウ基礎学校の放課後活動の実際

　では，教員やエチィアー，ボランティアなど複数の指導者のもとに，児童はどのような活動に取り組んでいるのだろうか。児童の出席が義務化されるカリキュラムは，7：30～16：00までの時間で編成される。さらにベルリン市では6：00～7：30までと16：00～18：00までは，安全・保護を重視する保育の観点からの指導が実施されており，希望する家庭の児童は早朝や夕方までの時間を学校で過ごすことが可能である（巻末資料「1　ドイツの全日制小学校──ベルリン市の組織形態」参照）。すなわち，児童は放課後のみでなく，授業前の時間も学校で活動に取り組むことができる。早朝の時間や夕方からの時間には，朝食をとるプログラムや，自由遊び，クラフトや音楽などさまざまな活動プログラムがある。

(3)　オープン（選択制・自由参加式）全日制基礎学校
　　──パウレ・クレー基礎学校（Paul-Klee Grundschule）の事例紹介
①パウレ・クレー基礎学校の概要

　パウレ・クレー基礎学校の全児童数は550名であり，ベルリン市内に位置づく中規模の小学校である。この学校は，全日制への参加を選択制とするオープン全日制を導入している。550名の児童のうち，330名の児童が全日制カリキュラムを選択している。本校の児童に占めるドイツ本国以外の国からの移民の子弟の割合は約40％である。本校教員とのヒヤリング調査によれば，言葉に問題のある児童は若干名いるが，ドイツ人子弟との差はほとんどないとのことであった。

　教員等スタッフの面についてみると，正規教員は40名存在し，エチィアーが32名の総計72名の人的体制である。前掲のテルトウ基礎学校と同様に，1日平均2～4名のボランティアが来校し，授業補助を行っている。

②オープン全日制を選択する理由

　義務全日制ではなく，オープン全日制という選択制カリキュラムを実施する理由にはどのような点が見出せるのだろうか。

　児童の約60％が，パウレ・クレー基礎学校では全日制カリキュラムを選択しており，残り40％は従来の半日制カリキュラムで学習を行っている。そのように，保護者によっては従来の半日制カリキュラムを希望する者も多

くあり，本校のようなオープン全日制制度は，保護者の多様な学校教育へのニーズに対応していると考えられる面もある。

　実際に，当該制度を導入するパウレ・クレー基礎学校の場合，義務全日制に比べての不公平感はないかと問うたところ，児童の帰宅時間が選択可能で自由に迎えにくることに魅力を感じている保護者が多いとの回答を校長等学校関係者から得た。ある程度自由な選択を可能とするオープン全日制は，保護者に受け入れられているようである。

　一方，ベルリン市教育行政側の観点からみれば，全市的に義務全日制に移行するには相当の予算措置が必要であり，また学校の教室数も従来に比べてかなり増加する必要があるなどの課題がある。そのため，オープン全日制は義務全日制への移行措置として位置づけられるとみなすとらえ方もある。

(4) ベルリン市基礎学校の学校建築の特徴と放課後活動

　ベルリン市内の基礎学校の訪問で印象的であったのは，後述する基礎学校を含めて２つの学校ともに教室をはじめとする学校建築が児童にとって「学び舎」であると同時に「生活の場」として居心地のよい空間であることを意識し，さまざまな配慮がなされる点であった。

　いずれの学校の教室にも色鮮やかなソファーが設置されているほか，多種類の遊具の整えられたプレイ・ルーム（グループ・ルーム）が数多く学校内にある（図1-2）。図書室も子どもの居心地のよさを重視したソファーの設置や，内装への工夫がみられた。さらに保護者の運営するカフェが学校内にある点は（図1-3），日本にはみられない「生活の場」としての学校のあり方の１つの方向性

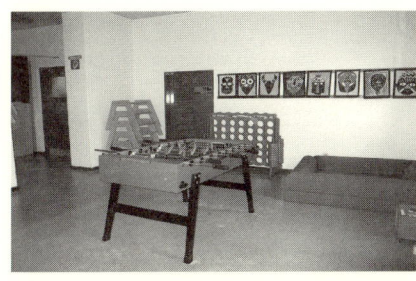

図1-2　学校内の遊具が設置されるプレイ・ルーム（グループ・ルーム）

図1-3　保護者が運営に携わる小学校内のカフェ

を示している。

(5) 放課後活動に対する学校関係者の認識する効果

ベルリン州の2つの小学校の校長など，学校関係者とのヒアリング調査によれば，全日制学校の導入による授業時間数の増加と，授業後の活動支援の実施によってさまざまな効果が生まれたという。

まず，教員は①教員と児童とのつながりがより深まったというメリットがあったと感じているほか，②教員等スタッフ間の協力関係も高まったという効果を認識している。さらに，前述のテルトウ基礎学校の場合，2003年に2つの学校が統合された当時は，校内での児童の暴力行動が非常に激しかったが，その後の放課後活動支援の取り組みの後，③児童の暴力行動が急速に収束したという効果が確認されている。

正規授業の延長と18：00までの保育的指導により，児童に安心・安全な居場所を確保し，学習や体験活動等のプログラムを行うベルリン州の全日制学校の取り組みは，今後もそうした効果の認識もふまえてさらに推進されるであろう。他方，ドイツ連邦政府は，全日制学校の効果の実証的研究に着手している[2]。さらに放課後活動に関する国際的研究組織を立ち上げる努力も行っており，今後もそうした研究活動が継続される予定となっているため，今後の進展が期待される[3]。

b バイエルン州の場合

(1) バイエルン州の初等教育段階の保育と全日制学校実施の経緯

バイエルン州では1993年度以来，初等教育段階（小学校と特別支援学校の小学校に相当する段階）において放課後の14時前後から，教育的な昼間託児サービスを提供しており，現在もその拡充を進めている。このサービスは学校によるものではなく，学校と他の団体（市町村，各種協会，公共組織など）が共同で運営しているものである。

一方，全日制学校については，2006年度に州内40の小学校で必須形式の全日制学校のモデル教室が開始された。このモデル教室の実施をふまえて2009年度に小学校と特別支援センター初等教育部，特別支援学校において科目履修を必修とする義務全日制クラスを開始した。2010年度は241の小学校，31の

特別支援センターおよび特別支援学校（初等教育）において必須形式の全日制クラスが設置されるか，あるいはその設置準備段階にある。全日制学校と昼間託児は，州政府の教育・文化省の所管で実施されている。

(2) バイエルン州政府のとらえる全日制学校の目的

バイエルン州教育・文化省担当者との面談にあたり，われわれ研究チームは，あらかじめ全日制学校に関する調査票を州政府に送付し，その回答を求めた。提供された資料によれば，バイエルン州がとらえる全日制学校の目的は以下のとおりである。

「全日制学校の拡張は未来へ向かってのバイエルン州の教育の発展に寄与するべきものであり，それはより充実した個別支援，学校・社会における機会や参加の平等性の向上，また家庭生活と職業との両立を可能にするものである。バイエルン共和国はそれにより社会政治的・教育政策的要請に応えている。学校での全日制サービスへの参加を通じ生徒に継続した認知的，社会的，あるいは自発的能力の発展支援がなされなければならない。

学校での教育に求められていることは，全日制学校においては学校での時間を増やすことや，授業時間・演習・自習，またスポーツ・音楽・芸術分野で余暇時間の間の効果的でリズミカルな配分である。学校は学習の場であると同時に生活の場として発展することができる。それらは課外時間のサービスや活動を取り入れ，生徒の社会的能力向上に寄与するものである」[4]

以上のようにバイエルン州においても，全日制学校は授業時間の拡張ととも

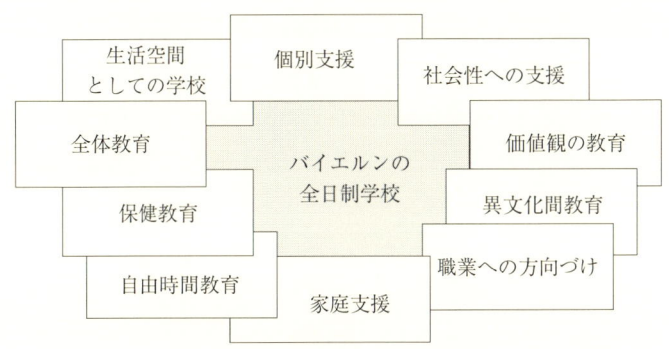

図1-4　バイエルン州政府による全日制学校の概念図

に，多様な活動の推進を図り，児童の学力向上および社会的能力の向上をめざすものといえよう。図1-4は，バイエルン州政府が提示した全日制学校の概念図である。全日制学校は，単に学力向上のみをめざす取り組みではなく，社会性の支援，価値観の教育，職業への方向づけ，家庭支援など多様な目的を有することがわかる。

(3) バイエルン州の全日制学校に関する財政支出と法的根拠

バイエルン州は，2009年度に全学校種で必須形式の義務全日制学校のために3億6,300万ユーロ，オープン全日制学校のために6億9,400万ユーロ，昼間託児と延長昼間託児のサービスのために2億3,000万ユーロを支出した。2010年度については，必須形式の小学校の全日制クラスのための授業時間増設のための追加予算として約1億2,700万ユーロ，特別支援センターの初等教育部と特別支援学校のためには1,400万ユーロを計上している。

バイエルン州政府は実際に全日制学校の拡充に向けたかなりの財政支出を行っているといえよう。なお，法的根拠としては，2010年8月1日以降，必須形式，自由形式ともにバイエルン州の全日制学校は州の教育に関する条例に基盤を置いている（バイエルン教育条例 BayEUG 第6条第5章）[5]。

(4) 全日制学校のクラス編成とカリキュラム

バイエルン州が実施する全日制学校における活動にもカリキュラムを必須とする義務型と，選択制とするオープン全日制学校のサービスがあり，その内容に関してはドイツ連邦政府の規定に則り実施されている。

オープン全日制学校では，授業は通常生徒が所属するクラスで午前中に行われる。保護者が希望する場合，児童は通常の授業の後に全日制サービスに参加可能である。オープン全日制学校では最低週4日間，生徒たちのために全日制サービスを提供し，それは1週間合計で最低12時間でなければならないと規定される。参加する児童・生徒のために毎日給食と監督責任をともなった教育・託児サービスを運営し，そのサービスは授業と内容的関係をもっていることが必須条件として求められている。

一方，必須形式の義務全日制学校とはKMK（教育・文化省会議）の定義によれば，全日クラスのうち1部分の参加が必須と決められている学校である。義務全日制学校は，1日につき最低7時間で，週最低4日間を16時までのカ

リキュラムによる学校の滞在を児童に義務づける。生徒の午前と午後の活動と授業内容は，意図的に関連づけられる必要があると考えられ，また参加が義務づけられる授業は変化に富んで効果的なリズムをもって午前と午後に授業，学習，体育，音楽，芸術などが配分されるべきと考えられる。

図1-5と図1-6はバイエルン州政府が作成した，義務全日制とオープン全日制学校のクラス編成の概念図である。図1-6に示すように，バイエルン州

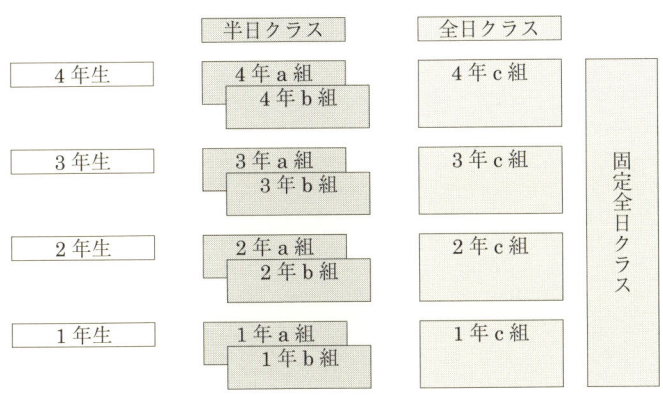

図1-5 バイエルン州の義務全日制学校の概念図

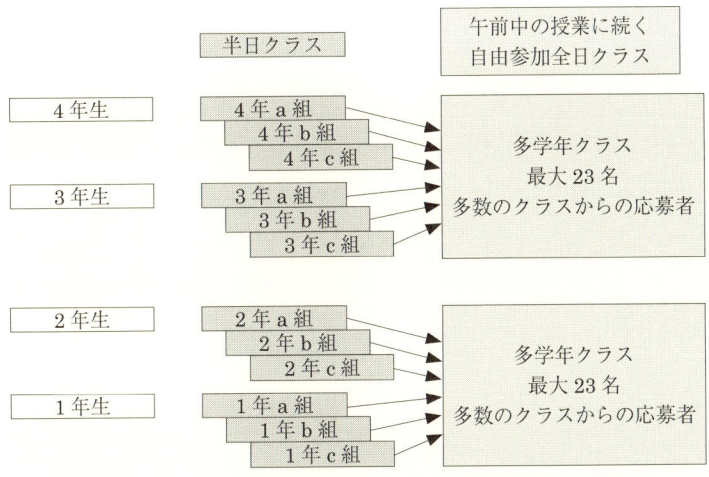

図1-6 バイエルン州のオープン全日制学校の概念図

のオープン制は多学年でクラスが構成されている。
(5) バイエルン州の全日制学校の今後の課題・展望
　バイエルン州文化・教育省は現在，ドイツ連邦政府によって定められた全タイプの全日制学校でのサービスを包括的に拡充する政策を進めている。2008〜2012年までの期間は，以下のような事項の実施をめざしている。

- 義務全日制サービスを総計 2,300 の小学校での実施へと拡充。
- 小学校と特別支援学校での昼間託児と延長昼間託児の維持と拡張。
- 600 の本課程学校（ハウプトシューレ）での義務全日制サービスの拡充（すべての学年において）。
- 186 の特別支援センターと小学校・本課程学校（ハウプトシューレ）における義務全日制サービスの拡充（すべての学年において）。
- 356 のすべての実業中等学校（レアールシューレ）においての義務全日制サービスの拡充（5年生と6年生）。
- 74 の商業学校における義務全日制クラスの設置。
- 407 のギムナジウムにおける全日制サービスの拡充（5年生と6年生）。
- 本課程学校（ハウプトシューレ），特別支援学校（本課程学年），実業中等学校（レアールシューレ），商業学校とギムナジウム，とりわけすべての実業中等学校（レアールシューレ）とすべての7〜10年生までのギムナジウムにおけるオープン全日制サービスの維持と拡充。
- 実業中等学校（レアールシューレ）とギムナジウムの7年生と8年生，特別な場合9〜10年生における義務全日制サービスの存続の可能性。

　以上のような初等・中等教育における量的拡充を図るとともに，質的な全日制学校の向上をめざすことも州政府は認識している。質的向上のための作業としては，以下に列挙する事項が含まれる。

- 児童・生徒の活動時間割の効果的なリズムづくり，時間割計画。
- 教師の1週間の勤務時間の確定など教育的な全日制学校の核心要素となる質の枠組みづくり。
- 学校監督の枠組みづくりと，全日制学校のコーディネート（成果・評価報告，学校訪問等）の質確保のための監督・管理のマネジメント。
- 学校内外での評価システムの構築。各学校レベルでは全日制学校の特定の

目的の設置とその評価についての観点が必要となる。外部での評価においては統一的な判断と試験の基準値を発展させる必要がある。
・学校の運営，教職員・外部講師の研修の拡充と開発等。

前述のように，バイエルン州政府は全日制学校のさらなる拡充・発展を志向している。またそのための今後の具体的な課題・展望を明確にしている。バイエルン州政府が示す，①学校内外の評価システムの構築や，②学校監督の枠組みづくり，③学校の運営や教職員・外部指導者の研修といった事項は，今後の日本の放課後活動の支援においても共通する課題といえよう。

3 ドイツの取り組みの特徴と課題

ドイツ連邦共和国における全日制学校の現況については，前項において概観した。ここでは，「全日制学校発展研究（StEG）アンケート調査結果」（2008年改訂版第二版）の報告から，全日制学校の現状と課題を探ることとする。

a 全日制学校の現況

ドイツ文化省会議の行政基準統計によれば，全日制学校の数は，2005年度までに8,226校であり，ドイツ全学校数の28％まで拡充されたとしている。しかし，全日制学校に参加する生徒の割合は15％に止まっている。これは，古くからある全日制学校の多くが必須式タイプであったのに対して，新しくつくられた全日制学校の多くが午後のサービスに参加するか否かについて一人ひとりの子ども（保護者）の選択に委ねられる自由参加式のタイプが多いことを示している。

StEGの研究は主にアンケートを中心としており，その対象としている学校は373校である。この調査対象校における全日制学校のタイプは，自由参加式が55％，必須参加式が23％，部分必須式が18％となっている。

(1) どのようなサービスが提供されているのか

提供されているサービス形態のなかでもっとも多いのは，初等および中等教育学校においては，宿題支援，スポーツもしくは音楽・芸術に関するサービスである。また，目立つのは昼食サービスとなっている。

これらと並んで初等教育学校では，余暇時間サービスが盛んであり，中等教育学校では，科学技術，メディア，工作，補習など授業科目と関連するサービスが提供されているのが初等教育との大きな違いとなっている。

(2) だれが教えているのか

自由参加式のタイプでは，全教員の31％が，必須式では41％の教員が全日制学校で教えている。同時にほとんどの学校で外部の教育的人材（家庭教師や講師など私的な場で働く者）が参加している。この割合は平均すると100人の子どもに対して教員が7.4人，外部からの教育的人材が2.2人となっている。なお，外部の教育的人材の導入は，初等教育より中等教育が目立って多くなっている。

(3) 参加率はどの程度か

初等教育学校において参加率が40％を下回る学校が55％となっている一方で，中等教育学校では参加率40％以上の学校が4分の3と目立って高くなっている。これは調査対象校となった中等教育学校に必須参加式の学校が多いためである。自由参加式の学校にかぎっては，40％と初等教育学校と大きな違いはない。

(4) どのようなサービスに人気があるのか

初等教育学校では，参加者の4分の3がクラブ活動と余暇サービスを利用し，約半分が宿題支援となっている。中等教育学校では，宿題支援や余暇サービスが4分の1であるのに対して，授業科目に沿ったサービスに人気がある。

(5) 生徒および関係者は全日制サービスをどのようにみているのか

全日制学校のサービスに関する生徒の評価（4点満点）では，学外の教育的人材が3.1点，教員が2.8点となっていて，学外の教育的人材のほうが高い数値を示している。この理由としては，日常とは異なる学外の教育的人材との出会いの新鮮さや，対人関係の開放性とともに通信簿がないということとの関係性が推察される。また，保護者は，全日制サービスの選択に際して，「全日制サービスは子どもの個性の発展や宿題の支援の可能性に関してとくに重きを置かなければならない」と考える者が多い。

(6) 全日制学校に対する学校長の期待

学校長は全日制学校に多くの期待を寄せている。①児童・青少年の信頼でき

る託児の場（90％），②宿題への援助（85％），③社会教育活動（83％），④社会的・情操的な幸福（82％），⑤学習成果の向上（74％），⑥美術・音楽教育の充実（70％），⑦学習意欲の向上（67％），⑧基礎能力の向上（66％）などである。

(7) 全日制学校の拡張が諸団体に与えた影響

　スポーツ団体など多くの学外の団体が，全日制学校の協働パートナーとなっている。全日制学校が導入された後のほうが団体で活動する人数が増えている。しかし，その一方で，以前は団体に所属していたが，全日制サービスの導入後に20～25％の者が団体への参加を止めている。しかし，全日制学校の協働パートナーとなっている団体では参加者を増やし，パートナーとして参加していない団体では減少させているという傾向がみてとれる。

(8) 家庭はどのように変化しているか

①とくに小さな子どもの両親にとって，全日制学校が職業と家庭生活のうえでよいバランスを促進している。

②全日制学校のサービスに参加する子どもは，半日制学校と比べても，家族とともに過ごす時間は変わらず，家庭での活動に大きな影響を及ぼすとは認められない。

③総体的に，全日制学校に参加する子どもの親は，積極的に学校にかかわろうとする意識が高い。

(9) 子どもの自由時間は，どのように変化したか

　全日制学校と半日制学校に通う子どもの間に明確な差異はない。また，他団体において過ごす時間等についても差異はみられない。しかし，全日制学校の子どもは，宿題に関しては負担が軽減されるが，同時に学校外で友だちと会う時間や趣味に費やす時間がやや少なくなっている。

b　全日制学校への期待と課題

　前述の調査結果から，StEGは全日制学校の発展を展望し，以下のような課題を提示している。

(1) 幅広いサービスの提供，および教員のプロフェッショナルな
　　自己意識にもとづく子どもとの関係の質的向上

　全日制学校がさらに幅広いサービスを提供し，学校の質について親からよい

印象をもってもらうためには，さまざまな面における寛容な受け入れと積極的な支援が必要であり，そのためには，教員のプロフェッショナルな自己意識にもとづく子どもとの関係の質的向上を図るなど，一般的な学校文化を発展させることが必要である。

(2) 外部の教育的人材の定着

　授業とサービスの結びつきを促進することは，全日制学校の発展を図るうえで重要な課題であり，このためには教員団と外部の教育的人材との密接な協働が欠かせない。教員が自ら進んで刷新に積極的になることが望まれる。このような協働の姿勢が教員団および学校長の評価を高めるということを周知し，教員に対して外部の教育的人材との交流を勧めることが有意義と思われる環境を醸成することが大切である。また一方で，学校は，外部の教育的人材の採用時の適切な評価と，その後の研修などを通じて，学校の教育活動への理解を促進させることが必要である。

(3) StEGのさらなる発展

　このたびの調査（2005年）で明らかになった事象をふまえて，全日制学校の発展のためには，次のような視点での研究が必要としている。

①この調査のいくつかの全日制学校でみられた，きわめて少ない参加率の学校に対するフォローアップ調査（なぜ低調なのか，どのようにすれば発展するのか）の実施。

②全日制学校がPISAの成績に及ぼした影響等信頼できる学習成果に関する研究。

③宿題支援と個々の補習サービスとその学習成果，特定の対応策と社会的能力の変化などといった個別テーマにもとづく研究。

注
1) ベルリン市州政府教育青少年スポーツ局　2004　オープン全日制基礎学校のための模範（最終報告）印刷物番号 15/2905 および 15/2905-1
2) Holtappels, H.G., Klierne, E., Rauschenbech, T. & Stecher, L.(Hrsg.). 2008. *Ganztagsschule in Deutschland Ergebnisse der Ausgangserhebung der Studie zur Entwickiung von Ganstagsschulen.* StEG.
　　さらにドイツ連邦政府は，継続した全日制学校の発展研究を継続している。2010年に報告書の情報をホームページ上で公開した。詳細は以下のURL参照。http://www.bmbf.de/de/1125.php（2012年9月現在）

3) Ecarius, J., Klieme, E. & Stecher, L. 2010. Strategy Paper for an International Meeting and the Launch of an International Scientific Network on Extracurricular and Out-Of-School Time Research. *Giessen and Frankfurt*, 23 Mayl.

　ドイツでは，2010年11月22日～25日の日程でNetwork on Extracurricular and Out-of-School Time Educational Research (NEO ER) の国際会議が開催された。この会議は学校外活動や放課後活動に関する教育研究の国際組織を立ち上げるキックオフ会議（Kick-off Meeting）として位置づけられている。

4) バイエルン州教育省におけるヒヤリング調査時に，あらかじめこちらから送付したヒヤリング調査票の回答資料，および面談時の説明資料（2010年11月）。

5) 同上，資料参照

参考文献
2008　全日制学校発展研究（StEG）アンケート調査の結果（改訂版 第二版）
青少年教育活動研究会　1998　ドイツにおける子どもたちの自由時間に関する調査

第2章
イギリスの拡大学校の実践からみた放課後活動

　イギリスは，イングランド，スコットランド，ウェールズおよび北アイルランドからなる連合王国であり，各地域の学校教育は権限委譲された各議会が管轄している。ここでは人口の約8割を占めるイングランドに関して述べる。

1　イギリス政府による放課後改革の経緯と現状

a　イギリスの近年の教育政策と教育システム

　1980年代のサッチャー政権以来のイギリスにおける近年の教育改革では，教育水準の向上を目標として全国共通の教育課程基準を導入する一方で，保護者の選択肢の拡大や，学校裁量の拡大などを推し進めてきた。1997～2010年の労働党政府は教育を最優先課題とし，特色のある中等学校の促進や，地方自治体の予算における学校配分予算の特定補助金化などの改革を行った。2010年5月に発足した保守党・自由民主党による連立政権でも，教育水準の向上，教育機会の格差の是正，学校裁量のさらなる拡大を重要課題としている。
　イギリスの初等中等教育は教育省（DfE, 旧「子ども学校家庭省（DCSF）」）が管轄し，教育制度の基本的枠組みや教育課程の基準，教育財政などを定めている。教育省のもと，各地域における就学前教育や初等中等教育等の機関の設置・維持は地方当局があたっている。公立学校は予算の運用や教員の採用などについて裁量を有しており，自主的な運営が推進されている。学校には保護者や地域の代表を含む理事会が設置され，教育方針や予算，人事などの決定を行っている。校長は理事会の意思決定に参加し，学校運営の全責任

を負う。

　義務教育は5〜16歳までの11年間で，5〜10歳までが初等教育，11〜16歳までが中等教育にあたり，2〜3学年をひとまとめにした全4段階のキー・ステージ（key stage）ごとに「全国共通カリキュラム（National Curriculum）」によって必修科目とその内容が定められている。16歳で中等教育修了一般資格（GCSE）を受験し，資格を取得する。義務教育後2年間の中等教育は，高等教育進学準備のためのシックスフォーム・カレッジと，主に職業教育を中心とした継続教育カレッジに分かれる。就学前教育では2〜4歳児を対象にした無償の保育サービスがある。

b　イギリスにおける授業外活動の経緯と背景

　イギリスでは1920年代から，教育は人生のさまざまな側面から引き離せないものという考えにもとづいたビレッジカレッジの取り組みにみられるような，地域による先駆的なイニシアチブが存在する。より最近の例では，スコットランドにおいて，児童が学習する際に直面する障壁を取り除くためには，さまざまなサービスを通して支援する必要があるという考えにもとづき，ニューコミュニティスクールの試みが行われている。2000年前後から労働党政権によって推し進められた「拡大学校（Extended School）」のイニチアチブはこれらの考えを踏襲するものであり，2010年以降は「拡大サービス（Extended Services）」と名を変えて，現在も継続されている。

　拡大学校の実施に関連した文献には，従来の学校や教育システムが現代の児童の置かれた複雑な状況に対応しきれなくなっていることが指摘されている。近年のイギリスは核家族化や共稼ぎあるいはシングル・ペアレントの増加など，先進国に共通する社会的な変化を経験しており，それにともなって学校に期待されるニーズも変化している。とくにロンドンなどの大都市部においては，移民や貧困層の人々に対する社会的排除や複数の要因に起因する不利な状況が存在し，そのような状況に置かれた児童の問題に対処するには，専門家によるサービスの提供も視野に入れた複数機関による取り組みが必要であり，その基盤を学校内に設置することで調整を図ろうという試みが，拡大学校／拡大サービスである。

c 拡大学校／拡大サービス発展の経緯

拡大学校の法制面での支えとなっているのは2002年の教育法で，同第27条は，児童生徒やその保護者および地域住民の利益になるような活動を提供する目的で，施設や資源を提供する権限を学校に与えている。

2001年にはイングランドの3カ所で拡大学校に関する実証プロジェクトが行われ，2003年10月に政府の調査委嘱を受けた研究グループによる調査結果が報告された。これにより拡大学校が児童・保護者・地域社会に与えるプラス効果が確認され，政府による促進のための補助金の継続が決定した。2004年には政府文書『すべての子どもが大切 (Every Child Matters：Change for children)』が発表され，各サービスの提供者や関係者が連携し協力し合うことで，5つの成果（健康であること，積極的であること，安全であること，経済社会で成功すること，楽しみながら目標を達成すること）を実現することが要求された。

2005年6月には教育技能省（DfES）が『拡大学校事業案内 (Extended Schools：Access to Opportunities and Services for All, A Prospectus)』（図2-1）を公表し，事業の概要や活動例を紹介，2010年までにすべての小中学校で何らかの拡大学校サービスを提供することが目標とされた。2007年の政府文書『拡大学校：経験をもとに (Extended Schools：Building on experience)』では，拡大学校の実施における小中学校別の詳細な目標が設定され，同年12月には，初等中等教育の総合的な政策『子どもプラン (The Children's Plan)』の主な施策として位置づけられている。

政府は2003～2008年度までに，拡大学校導入のための立ち上げ資金とし

図2-1　2005年公表の『拡大学校事業案内』

出典：DfES. 2005. *Extended Schools：Access to Opportunities and Services for All, A Prospectus.*

て8億4,000万ポンドを用意し，地方自治体を通して各学校に分配している。2007年には，拡大学校コーディネーターを支援するための追加補助金として2008～2010年までの3年間に総額11億ポンドが提供されることが発表された。このほかにも，学校に直接配分され，学校が問題解決や特色化のために無制限・自由に活用できる教育水準補助金（Standard Fund）があり，拡大学校の実施に広く活用された。

2010年5月の政権交代後，連立政権は今後も拡大学校を継続していく考えを示し，その中心的な焦点を社会経済的な要因に起因する児童の学力到達度の格差を是正することとしている。資金に関しては，それまで拡大学校の開発・促進に利用されてきた上述の教育水準補助金を廃止し，2011年4月以降は，各校が必要に応じて学校歳入のなかから予算を割り当てることとされた。しかし教育条件の不利な児童に対しては，新たに設置された児童割増基金（Pupil Premium fund）の一部を拡大サービスの提供に当ててもよいとしている。2010年9月の時点で，何らかの拡大サービスを提供する学校は全体の99％にまで浸透している。

d 拡大学校／拡大サービスの事業概要

拡大学校／拡大サービスは，授業時間外の学校を開放し，児童生徒とその保護者および地域の人々を対象にして，教育・福祉活動など広範にわたるサービスを提供するものである。労働党政権下で2010年までにすべての学校で提供することが目標とされた5つの活動領域（コア・オファー〔core offer〕）は，①児童生徒に対するさまざまな活動（補習，スポーツやアートなどの教科外活動など），②保育サービス，③育児支援（家族学習など），④専門家への迅速かつスムーズな照会・アクセス（言語療法士など），⑤地域社会による施設の利用（成人教育プログラムなど）である。これらのサービスは放課後のほか，授業前や夏休み等の長期休暇中にも提供される。学校は活動拠点としての施設や資源を提供するが，活動の運営・監督は必ずしも教職員が行うわけではなく，外部組織に委託して行う場合もある。

拡大学校／拡大サービスにおける児童を対象としたさまざまな活動は「学習支援（Study Support）」や「拡大的な学習（Extended Learning）」などの用語

で表現される。最終的な目標は教育水準の向上にあるが，「学習支援」は「児童や生徒が自主的に参加する通常授業時間外の学習活動」（DCSF, 2009, p1.）と広義に定義される。そのため，活動内容は補習クラスのような学習活動のみに限定せず，児童の社交面・行動面における個人的成長や，学校および学習に対する態度の向上・改善などを目的としたものなどを含む。これは学術面における目標が，児童の生活や状況などのより広範な問題と密接に関係しているという理解にもとづいている。一般的に活動内容は，低学年では「楽しむこと」に重点を置いた活動（音楽，図画工作，スポーツなど）を中心とし，高学年になるほど学術面での支援に重点を置いた活動の比重が増える傾向がある。

2010年11月に発表された連立政府による白書には，学校がボランティア団体，民間組織，行政機関などと連携して拡大サービスを提供することで，すべての児童に対して学習機会ややりがいのある新しい体験ができるような環境を創造し，また，学校の施設や専門知識が強固な家庭やコミュニティの構築に貢献することが期待されている。拡大サービスによって期待される効果として，以下の項目が上げられている（DfE, 2010b）。

・授業前・放課後の質の高い学習機会。
・高リスク群の児童に対する早期介入（学習支援，育児支援，保健・社会福祉，特別な教育上のニーズなどに対する専門家によるサービスなど）。
・児童の学校への参加の促進。
・児童の学業成果の改善および格差の是正。
・職業をもつ保護者を支援するような保育サービスおよび授業前・放課後の活動（朝食クラブ，スポーツ・アート活動，学習支援など）。
・地域社会に対する各種コースの提供（成人教育，家族学習など）や，施設の開放（スポーツ施設，ICT施設など）。

このように拡大サービスはさまざまな可能性を秘めている。2011年9月には，2009～2011年にかけて政府の委嘱で実施された全国規模の拡大サービス評価の調査結果が公表され，校長向けに要約をまとめた案内が教育省のウェブサイト上に公開されている。これによれば，効果的なサービスの提供には，「校長が主導して明確な目標と実現可能な成果を設定」し，「他校や行政機関・ボランティア団体などと協力して実施」し，「適切な評価方法を開発すること」

が必要であるとされる（Carpenter 他，2011, pp.10-12.）。

e　プログラムの実施・サービスの提供について

　プログラムの実施方法に関して，単一的なモデルはなく，学校が主体となって単独で行っているもの，民間組織やボランティア団体などの第三者との連携で行っているもの，あるいは地方自治体が主体となり地区ごとに複数の学校をまとめて組織的に行っているものなど，その形態はさまざまである。複数の学校が共同で実施するクラスターモデルでは，参加校間で調整・分担を行うことで，限られた資源や人材を効率的に活用し，提供するプログラムやサービスの幅や機会を増やすことができる。また，クラスター内で既存のサービスに照会することで，不必要な重複を避けることもできる。

　拡大サービスの提供には，校長がリーダーシップをとって学校全体の開発計画の一部に組み込み，推進することが望まれるが，実際の活動の企画・運営や関係機関との調整などは，拡大サービス・コーディネーターと呼ばれる調整役が行っていることが一般的である。学校が主体となって行っているモデルでは，教職員が兼任でコーディネーターを務めたり，常勤のコーディネーターが配置されたりしている。地方自治体が主体となっているモデルでは，全体を総括する責任者のもとで，実施単位となるクラスターごとにコーディネーターが配置されている場合もある。なお，拡大学校の実施における地方自治体の役割は，2004年の子ども法において，財源の確保や連携機関との調整，情報の提供などの支援を行うことと規定されている。

　サービス利用の負担に関しては，各校の判断で，朝食クラブの食事代，放課後クラブの活動費用，保育サービスの保育料などを保護者に負担させてもよい。ただし参加費を課す場合には，あらかじめ料金方針および免除対象の方針を設定し公表することが法律で定められている。なお，通常カリキュラムの一部となるような活動（全国統一試験のための補習など）については料金を課してはならない。保護者などから得た収益は，運営上の諸経費や，指導・監督に当たった教職員の手当て，講師への謝礼などに当てるものとし，コストを上回ることがあってはならないとされている。

f 支援体制

　教育省（DfE）は，大学などの研究機関，政府の外郭団体，教育系の慈善団体，地方自治体などに委嘱して，拡大学校／拡大サービスの評価を行い，現場で利用できるような活動事例の蓄積や，評価方法の開発などを行ってきた。

　拡大学校の初期におけるプログラムやサービスの開発は，政府の委嘱を受けた教職員養成研修機構（TDA）が行った。2005〜2010年にかけて，TDAは慈善団体のContinYou（放課後活動に特化〔www.continyou.org.uk〕）や4Children（育児サービスに特化〔http://www.4children.org.uk/〕）などと協働し，コーディネーター向けのワークショップやイベントを各地で開催した。また，ウェブサイト上で具体的な事例を紹介し，さまざまなリソースや，書き込み式の実践的なツールキット（図2-2）なども提供している（2011年以降，拡大サービス関係の資料はすべて教育省の管轄下に置かれている）。

　また2009年には，旧子ども学校家庭省（DCSF）の委嘱で，授業時間外活動を自己評価するための枠組み『学習機会の拡大：学習支援の自己評価のための枠組み（以下，ELO）』が開発・公表された。これは学習支援におけるグッド・プラクティス（優れた実践）を「確立途上（Emerged）」「確立済み（Established）」「（より）発展段階（Advanced）」の3段階の成長モデルで設定したもので，各段階の鍵となる指標が示されている。指標は3分野15項目にわたり（表2-1），テーマごとに各段階に応じた「問うべき質問」「示すべきエビデンス（証拠）」「エビデンスの検証」が提示されている。

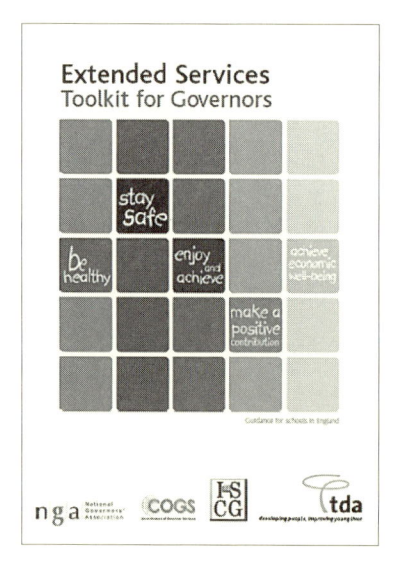

図2-2　TDAが開発した
　　　　ツールキット

5つのテーマ（①コミュニティ，②現状，③将来の方向性，④何をすべきか，⑤目標とする成果）の現状について6段階評価を行うことで，学校運営者の拡大サービスに対する認識や考察を促すように構成されている。

出典：TDA. 2007. *Extended Services: Toolkit for Governor.*

ELOの枠組みをもとに、カンタベリー・クライストチャーチ大学が開発した認定システム「QiSS認定(Quality in Study Support, 学習支援の質)」は、授業時間外の学習支援に関する品質保証のベンチマークの1つとなっている。認定レベルはELOと同じ3段階で、申請者は各レベルのテーマごとに指標と照らし合わせた自己評価を記述し、裏づけとなるエビデンス(活動内容の記述や配布パンフレット、写真など)を提出する。認定審査で発表して一定数の同意が得られると承認される。なお認定は永久ではなく、3年ごとに再審査が求められる。児童への学習支援に保護者や地域社会への支援も加えたものとして、QES認定(Quality in Extended Services, 拡大サービスの質)も開発されている。これらの認定は、外部に対して示すことのできる客観的な指標であるのみならず、サービス提供者の目標として、さらなる改善を行うための動機づけにもなっている。

表2-1 自己評価の鍵となる指標：3分野15項目のテーマ

Ⅰ	学習の展望・意義・原則	1. 明確な目的 2. ニーズを知る 3. 明確な学習理念 4. 児童に自信を与える 5. 共に学ぶ
Ⅱ	プログラムの開発と運営	6. 効果的な資源調達 7. 効果的なコミュニケーション 8. プログラムの開発 9. 学習指導者の特定 10. 学習指導者の有効活用 11. パートナーシップの構築
Ⅲ	効果の創出と変化の管理	12. 効果を評価する 13. 結果を出す 14. 改善点の管理 15. 投資の還元

出典：DCSF. 2009. *Extending Learning Opportunities : A Framework for Self-evaluation in Study Support.*

g　まとめ

2009～2011年にかけて全国規模の拡大サービス評価を行った前述の研究グループは、結論として、拡大サービスを通して「児童や保護者が個人的・社交的な問題に取り組み、自信を築き、学習に関心をもつための支援」を行い、「学校の理念にプラスの影響を与え」「広く地域社会の福祉に貢献する」ことができると報告している(Carpenter他, 2011, p.4)。拡大サービスが十分に浸透し、効果を発揮していることを受け、現政権は今後も継続していく意向を示している。

次節では，学校が主体のモデルと地方自治体が主体のモデルの2つの事例を取り上げ，拡大サービスのすぐれた実践や課題などを具体的に紹介する。

2　イギリスの拡大学校／拡大サービスの実践紹介

ここでは学校が主体となって単独で拡大学校／拡大サービスを提供しているモデルと，地方自治体が主体となって複数の学校が共同でサービスを提供しているモデルをそれぞれ1例ずつ取り上げ，拡大サービス提供の具体的な側面について紹介する。

a　ウッドランド・ジュニアスクール（Woodland Junior School），ロンドン，レッドブリッジ地区

(1)　学校の特徴

ウッドランド・ジュニアスクールは，第3学年（7歳）から第6学年（11歳）までの児童を対象とした男女共学の公立小学校である。各学年4組ずつの計16組で，全校児童数は約480名（2010年度）と，英国の小学校としては大規模なほうである。児童の人種・文化的背景は多様性に富み，少数民族出身の児童の占める割合が88％と高い。児童の80％は英語を母国語とせず，そのうち28％は英語の初期学習者である。また，「無料で給食を受ける権利のある児童」[1]の割合は48％で，全国平均の約3倍である。学年途中の入学者の割合が多く，それらの児童の入学時の国語・数学・科学の学力は全国平均にかなり劣る。しかし難しい環境でありながら効果的な教育と各種の支援によって，入学時と比べた児童の学力を向上させている点が高く評価されている。

図2-3　「ウッドランド・ジュニアスクールへ，ようこそ」
児童の人種的背景を考慮したウェルカムボード。描かれた子どもたちは各国語で「ようこそ」と書かれた旗をかざしている。

拡大サービスの実施においては，地域的なニーズを配慮して，保護者および家庭に対する支援に重点が置かれている。また2006年度からは，保護者支援と兼任するかたちで常勤の拡大サービス・コーディネーターが1名配属されている。

(2) 地域の特性

同校はロンドン市東北部のレッドブリッジ区に所在する。ロンドン市中でも緑の多い郊外の住宅地であり，中心地へは地下鉄で1時間弱の立地である。人口270,500人（2010年推定）のうち40％が少数民族という，人種・文化的に多様性に富む地域である。同自治体は政府のイニシアチブを早期に取り入れ，児童の教育・社会福祉・保健医療へのアクセスを1カ所に集めた児童リソースセンターを設置している。拡大サービスの実施に関しては，自治体の雇用する拡大サービス担当者を小中学校に派遣し，計画立案や運営のアドバイスを行うなど，拡大サービス浸透のための支援を行ってきた。今後は地域ごとにまとめたクラスター単位での実施を促進することで，効率化を図る意向を示している。

(3) 拡大サービスの概要・活動内容

同校では，授業時間外活動は「児童に権限を与え，自信を付与するものであり，学校生活の重要な一部である」（Navaid, 2010, p.8.）ととらえている。また，児童とその保護者に対して安全で健康な環境における活動や学習を提供することを目的とし，その活動内容は「体験の幅を広げることで学力や意欲を向上させるようなもの」（Navaid, 2010, p.8.）としている。同校では英語を母国語としない保護者が多く，そのような保護者が学校や地域社会に参加するための支援がもっとも重要な課題である。これは，保護者の積極的な学校への関与が児童の成果の向上に影響を与えるという考えにもとづいている。そのため常勤の拡大サービス・コーディネーターは，児童に対する放課後や長期休暇中の各種活動のほかに，保護者向けの学習支援や社交・文化活動なども企画・運営している。

コーディネーターの役割は，各種活動の企画・運営・予算管理のほか，指導員や講師の人選，外部の関係機関との調整，保護者との連絡，活動内容のモニターと報告など多岐にわたる。活動の実際の指導は，教職員が有給で，あるい

は他校や行政機関からの紹介により，民間のスポーツ指導員や講師などと契約して行っている。また，近隣の中高生のボランティアが放課後活動の監督を手伝っている。保護者向けの学習支援では，地元の成人教育機関の講師を学校施設に招いて実施している。

(4) 放課後活動

　学期中の定期的な活動では，児童と保護者が一緒に学べる読み書き・計算・科学のワークショップや，第3，4学年の児童を対象とした映画上映会などがある。この他にも毎週火〜金曜日の15時45分〜16時45分までは「放課後クラブ」というかたちで，スポーツ，音楽，図画工作などの活動も提供している。活動内容によっては，学年による能力差を考慮してグループ分けをする場合もあるが，基本的には男女および学年混合で実施している。参加は自由意志により，現在30〜40％の児童が何らかの活動に参加している。参加費は毎回2ポンド（約240円[2]）だが，経済的に恵まれない児童には地方自治体からの補助金があり，半額の1ポンドが自己負担となる。放課後活動の内容は学期ごとに児童の希望を聞いて決定する（2011年度のクラブ活動を表2-2に記す）。

　児童にとくに人気があるのがストリートダンスで，ここ数年，継続的に行っている。参加児童は全学年にわたる。講師は他校でも放課後クラブの指導をしているダンス教師で，コーディネーター間の情報交換を通して知った。地域のダンス祭への参加を目標とすることで活動意欲を高め，皆で作品をつくり上げるという達成感を与えている。表2-2の活動のほか，過去に行ったクラブ活

表2-2　ウッドランド・ジュニアスクールの放課後活動（活動時間は15：45〜16：45）

活動日	活動内容	参加者	指導員
火曜日	アフリカンドラム	6〜7名（男女共）	外部のコーチ
	ギター	5名（男女共）	外部のコーチ
水曜日	ストリートダンス	19名（男女共）	外部のコーチ
	クリケット	14名（女子も参加可だが，現在は男子のみ）	学校職員
木曜日	機械体操	11名（男女共）	外部のコーチ
金曜日	サッカー	低・高学年別に2チーム，合わせて35名（女子も参加可だが，現在は男子のみ）	外部のコーチ，各1名ずつ
	図画工作	12名（男女共）	教員

動では，ラグビー，テニス，料理，コンピューター，読書などがある。

同校では，これらの諸活動が児童の社会面や感情面の発展において大きな役割を果たすと考えている。そのため，放課後活動に参加した児童には修了証を与えたり（図2-4），朝礼で表彰したり，同校のウェブサイトや学校新聞で発表したりすることで，児童に達成感を与え，自尊心を高めることができるような努力をしている。

(5) 長期休暇中の活動

春休み期間中（2週間）は，最終学年の児童を対象に，5月の全国学力テスト（SAT）に向けた読解力および計算能力の集中授業を参加費無料で提供している。月～金曜日の9時30分～14時まで，午前中は教師が各日交代で上記科目の指導を行い，午後は外部の民間団体に委託してリクリエーション活動を行う。学習のみでなく，さまざまなリクリエーション活動も取り入れることで，より多くの児童が参加したくなるような動機づけをしている。

夏休み期間中は，近隣の中学校と共同で，毎週土曜日の午後（約4時間）にスポーツやゲームなど屋外のリクリエーション活動を実施。毎年交代で同校と中学校の校庭を利用し，運営・監督は保護者会の主導で，活動の指導は外部団体への委託を通して行っている。参加を有料にすることで，外部コーチへの報酬などの運営費をまかなっている。保護者主体で実施することにより，保護者が学校の活動に参加し，保護者間のコミュニケーションを図る機会にもなっている。

(6) 保護者および家族支援

保護者を対象とした活動では，育児クラス，コーヒー・モーニングと呼ばれ

図2-4 放課後活動（料理クラブ）に参加した児童に渡される表彰状

提供：ナベイド

る毎週月曜朝の懇親会，学習クラスなどを提供している。その他の非定期の活動例では，フラフープ，裁縫，健康的な食生活に関するワークショップなどがある。特定の民族グループに対象を絞った対策も効果を出している。たとえばソマリア語通訳を雇って保護者会を開催したところ，ソマリア人保護者の学校への関与が増し，当該児童の意欲や自信が向上した。また，英語を母国語としない保護者に対して放課後英語クラブを開催し，英会話の練習の機会を提供している。このクラブは高く評価され，地区内の他の学校でも導入される予定である。

　また，毎週金曜日には地元の成人教育機関の講師を学校施設に招いてコースを提供している。内容は学期ごとに保護者の希望を取り，適切な講師の派遣を成人教育機関に要請する。代金は参加者が成人教育機関に直接支払う。6週間で70～80ポンドと比較的高額だが，社会手当てを受けている保護者は無料で受講することができる。これまでに英語クラスやパソコン講習などを実施した。

(7)　拡大サービスの評価

　同校では，定期的に保護者や児童を対象に，満足度や改善点の示唆などを盛り込んだ質問表を配布することで，サービスの評価を行っている。また，授業外活動の効率や効果を客観的に評価するため，カンタベリー・クライスト・チャーチ大学の認定システム（QiSS認定）に参加しており，2006年には「確立」の地位を獲得している（2011年度に再審査を受け更新した）。

　また，コーディネーターは現場の教員とのコミュニケーションを通して，通常授業への影響や児童の変化を定期的にモニターをしている。たとえば，ダンスクラブに参加する児童の授業中にみられた問題行動が改善されたり，恥ずかしがり屋で自己表現が苦手だった児童が授業中に発言できるようになったりと，児童の行動面・社交面におけるプラスの効果が報告されているという。

(8)　将来の課題とまとめ

　拡大サービス促進のために提供されてきた政府の補助金が2011年度から廃止されたため，現場では財政的に困難な状況に直面している。同校では，これに先駆けて数年前から独立採算の持続可能なモデルを模索するなかで，児童の保護者に参加費を課す方針に移行した。保護者に対して行ったアンケートによ

れば，参加費は放課後活動への参加の妨げの原因にはなっていない。

しかし，朝食クラブの価格を上げたところ参加者が激減して中止になったり，予算が足りないため月曜日のクラブ活動を休止したりなど，活動の継続可能性とニーズとのバランスをとりながら運営していくことの難しさが指摘される。同校はロックスフォード地区クラスターの一部であり，定期的なコーディネーター間の会合を通してアイデアや先導的事例の共有が行われているが，将来的には施設や活動を共有し，クラスター内の全児童を対象とすることで重複を避け，限られた資源を最大活用することが望まれる。

また，同校では校長が実際の活動に直接的には関与しておらず，そのためか拡大サービスの効果や必要性への十分な理解が得られていないとのコメントがあった。英国では校長が学校予算の管理や分配を行うため，十分な予算やリソースを獲得するには，校長を含めた理事会にアピールして理解を得ることが求められる。とはいえ，拡大サービスで提供されるさまざまな活動の効果は，学力のように明確な指標で示すことができない。参加して「楽しかったか」どうかを問うような，単純な満足度調査でも説得力に欠ける。それが児童の全人的な発達にどのように貢献しているのかを測る，何らかの指標が必要である。その1つの方法として前述のQiSS認定（学習支援品質）などの指標をもとに，さまざまな角度からエビデンスを集め，目に見えるかたちで，1つの成果としてまとめることは有効であると考えられる。

b ケント州ドーバー地区の実践

イギリス南東に位置するケント州（ロンドンに隣接）では，地域ごとに学校をグループ化し，それぞれに拡大サービスの総責任者を配置することで，各種のプログラムやサービスの管理・提供を行っている。ここではドーバー市を中心としたドーバー地区の連携組織の試みに注目し，具体的に紹介する。

(1) 地域の特性

ケント州ドーバー市は眼前にイギリス海峡を望む，石灰岩の岸壁の美しい南西端の港町である。ドーバー港は古くから大陸への海上輸送の窓口であり，ユーロトンネルの出入口でもある。ドーバークラスター（図2-5）は，ドーバー市とその郊外，および隣接する海岸沿いのディール地区とサンドイッチ

図2-5 ドーバー拡大サービスのロゴ

ドーバークラスターは、ドーバー市街、ドーバー近郊、ディール地区、サンドイッチ地区の4つのコンソーシアムから成る。船体には「拡大サービスの旗艦」と記されている。

提供：ジェームズ・ブラウン（ドーバー拡大サービス開発マネージャー）

地区を含む地区から構成されている。4つの地区全体の人口は104,566人（2001年国勢調査）。主要産業はサービス業（とくに流通運送関係）で、18歳以上の住民の民族別内訳は、白人系イギリス人（ケルト人およびアイルランド人を含む）がもっとも多く93.3％で、これは全国平均の87.6％よりも高い。次いで西欧系2.4％、東欧系1.3％が続き、イギリスを含めた欧州系の民族が圧倒的に多い。

同地域は広範囲にわたるため、都市部や村落、経済的に裕福な地区や貧困地区、あるいは移民の多い地区など多様性に富むが、全体的にみて、ケント炭鉱の廃坑、王立海兵隊兵舎の移動、漁業の衰退、フェリー産業の縮小化など、近年、主要産業の減退により経済的に困難な状態が続いており、地域社会の自尊心の低下や団結感の喪失が問題となっている。このような情況をふまえ、拡大サービスの実施においては、社会的・経済的に恵まれない地区の児童生徒にさまざまな活動や機会を提供することに焦点を当て、それにより自尊心や自信を付与し、学習意欲を高め、教育機会の格差を是正することを目標としている。

(2) 拡大サービスの運営方法

「ドーバー拡大サービス中央チーム（Dover Extended Services Central Team：以下DES）」は、ドーバー市を2つに分けたドーバー市街（Dover Urban）とドーバー郊外（Dover Rural）、およびサンドイッチ地区（Sandwich）とディール地区（Deal）の4つのコンソーシアムを管轄下に置き、総責任者、プロジェクトマネージャー、各コンソーシアムの代表を含めた9名で、地域内の全52校（小学校41校、中学校9校、特別支援学校2校）に対してサービスを提供している。

総責任者は地域全体の拡大サービスに戦略的な方向性を与え、政府や地方自治体の方針を反映させ、地元で利用可能なリソースを効率的に管理・分配し、

サービスの評価や向上を促す役割を担っている。プロジェクトマネージャーは，プログラムの開発や運営の支援，コンソーシアム間の調整などを担う。また，コンソーシアムの議長は，各地区内における各種サービスの調整を行い，既存サービスの十分な周知と有効的な活用を促す役割にある。

図2-6　ドーバー郊外コンソーシアムの拡大サービスコーディネーターのための定例会
会場は地区内の小中学校が交代で会議室を提供している。
(2011年6月13日撮影)

　各コンソーシアムは，地区内で選出された議長（多くは小中学校の校長）と各校の代表（拡大サービス・コーディネーターなど）から成り，協力してプログラムの開発や運営を行っている。6週間に一度開かれる会議（図2-6）には，各校代表のほか，DESの総責任者やサービス提供者（行政機関や民間団体，ボランティア団体の代表）が参加し，新しいプログラムの共同開発のほか，ネットワークづくり，地区内の既存サービスやプログラムの周知と調整，気づきや問題点の議論，すぐれた実践の共有などを行っている。また，サービスを受託する外部組織から意見や情報を聞き，学校や保護者，地域のニーズをフィードバックする重要な機会でもある。

　2011年度以降の運営資金については，政府の補助金の廃止を受けて，コンソーシアムに参加する小中学校が児童1人あたり1回4ポンド（480円）の参加費を負担することとなった。保護者への一部負担は各校の判断に任せている。ただし参加費を保護者に課す場合でも，全額ではなく1ポンドなどの低額に抑えている。経済的に不利な児童に対して政府から交付される児童割増基金の一部を拡大サービス資金として利用している学校もある。

(3) 活動内容

　4つの全コンソーシアムが，授業時間外の施設利用に対して自由に参加できることを基本方針としており，地区内のすべての児童生徒を受け入れる取り決

めを行っている。これにより，限られた予算や資源を最大限に運用し，拡大サービスの中心となる5つの領域（保育サービス，育児支援，児童を対象としたさまざまな活動，専門サービスへの照会，地域への施設の開放）のすべてをコンソーシアム内のいずれかの小中学校や施設で利用することが可能になっている。たとえば，学区域の小学校に必要とするサービスがない場合には，コンソーシアム内で提供する小学校に紹介したり，あるいは保護者が直接申し込みを行ったりすることもできる。

前述の基本的なサービスのほかにも，2007～2011年度の優先事項として以下の12項目を掲げ，地域のニーズに則したユニークなプログラムやサービスを企画・運営してきた。

①児童・青少年の健康的な食生活を促進し，小児肥満症を減らす。
②児童・青少年の精神的健康と自尊心を改善する。
③児童・青少年に安全かつポジティブな環境を提供し，いじめを減らす。
④予防的サービスを通して，児童保護の対象となる5歳未満の幼児を減らす。
⑤けがによる入院を減らす。
⑥欠席や学校からの除籍を減らす。
⑦地域社会全体の学習意欲を高める。
⑧児童・青少年に幅広い社会的活動・レジャー活動を提供する。
⑨地域社会の青少年に対する認識を改善し，青少年による地域への積極的な貢献を支援する。
⑩青少年に耳を傾け，地域社会に参加させる。
⑪弱い立場にある児童・青少年に適切な住居を確保する。
⑫地域再生プランに沿ったアドバイス・訓練・技術を青少年に提供する。

上記の項目にもとづき，2009～2010年度には，ドーバー地域全体で62種類のプログラムやサービスが提供された。内容は育児支援，音楽，図画工作，屋外のレクリエーション活動，補習，スポーツ，健康的な食生活について，家族学習などバラエティに富み，開催場所は小中学校や各種施設が分担し，対象者は活動内容に合わせて小学生のみ，中学生のみ，小中学生，家族あるいは地元住民などに設定された。実施単位はドーバー地域全体として，あるいはコンソーシアム単位で行い，運営はDESのスタッフや教職員，保護者，民間組織

やボランティア団体との協力を通して行われた。以下に，小学生を対象にして行われた拡大サービスでとくに特徴のあるものをいくつか例示する。

①高校生によるボランティア朗読

地元高校生による小学生の読書支援のプログラム。第12学年（16歳）の生徒にボランティアの機会を与え，かつ第5，6学年（10，11歳）の児童の読書力を向上することが目的。地区内の第12学年の全生徒を対象に朗読ボランティアを募り，慈善団体ボランティア・リーディング・ヘルプ（Volunteer Reading Help）の協力により派遣された地元の認定朗読ボランティアによる1日の研修コースを実施，研修を修了した生徒は希望する小学校で朗読ボランティアを行う。生徒1人につき児童2名を担当し，各自の都合を小学校と調整して，週に1回30分〜1時間の朗読を行う。

ドーバーはキーステージ2[3)]の児童の読解力がケント州でもっとも低く，読解力の向上が地区内の校長のかかえる優先事項の1つでもある。そのためDESでは，このプログラムのほかにも読解力に焦点を当てた活動をいくつか提供している。これらのプログラムには地区内40の小学校のうち35校が参加しており，そのうちの25校でキーステージ2の読解試験の結果に向上がみられたと報告されている（Buckley, 2010, p.2.）。

②家族でフランス語

児童とその保護者を対象にした10週間の放課後フランス語レッスン（フランス語は通常科目の1つであり，補習的な意味も含まれると思われる）。ケント州成人教育サービスが主体となり，市内と郊外の小学校2カ所で提供。親子がともに学ぶことで，保護者の教育への関与を促すことを目的としている。日常生活に関連する簡単なフレーズや単語を親子で学習し，ドーバーという土地柄を利用して，コースの最後にはフランスへの日帰り旅行を実施。参加者は学習したフランス語を実際に使ってみる機会を得ることができる。

③フィットネスプログラム（Time to Move It）

小学生を対象にした6週間の放課後フィットネスプログラム。運動や健康的な食生活への理解を深め，肉体的健康とウェルビーイングを高めることが目的。民間団体ビスタ・レジャー（Vista Leisure）が運営主体。プログラムの開始時に，地域のスポーツ施設が無料で利用できるパスポートを発行。参

加児童は学内の放課後クラブや学外のスポーツ施設で行われるダンス，サッカー，ホッケー，バスケット，ジョギングなどのスポーツ活動に参加し，健康的な食生活に心がける。パスポートは，児童が参加したスポーツ活動や，健康的な食事の記録用紙にもなっており，この記録をもとに終了時にアセスメントを行う。

④サタデーアカデミー

学期中の毎週土曜日 9 時 30 分～11 時 30 分まで，ドーバー郊外地区とサンドイッチ地区の中学校 2 校において，各地区内の 10～14 歳の児童とその家族を対象にした，遊びや学習活動を提供している。参加費は児童 1 人あたり 1 ポンド。活動内容は，保護者と児童がともに学ぶフランス語，カードゲーム，図画工作，サッカー，コンピューター，音楽，化学・技術・工学・数学など自然科学系科目の補習など。交通の便の悪い郊外に住む児童には，可能なかぎり交通手段を提供している（ミニバスを運行）。

定期的に参加する児童の数は，ドーバー郊外地区の 1 年目（2008 年度）で 100 名，2 年目（2009 年度）では 200 名を超えている。また，20 家族以上が家族学習に定期的に参加している。とくに最近では，英語を母国語としない児童（ポーランド人，ネパール人）の参加が増加している。これらの児童にとくに人気がある活動は「遊戯王クラブ」で，カードゲームを通して語学力やコミュニケーション能力が向上していることが確認されている。

⑤夏季休暇中のプログラム

ドーバー全域の小中学校，成人教育機関，スポーツ施設などの地域施設が協力・分担することで，夏休み中 5 週間の月～金曜日に毎日何らかの活動を実施している。時間は活動により異なるが，原則的には 9 時頃～16 時頃まで実施される。参加費は活動ごとに異なり，経済的に恵まれない家庭の児童は，DES を介して補助金が支給される。プログラムの小冊子（図 2-7）には，見開きで週ごとに活動が表示され，活動名・内容・対象者・時間・参加費・場所・連絡先・電話番号が記載されている（表 2-3）。事前の予約を必要とし，予約は DES チームが総括して，電話，携帯電話のショートメッセージまたは E メールで受けつけている。各活動の開始時に出席をとり，保護者による同意書の提出を義務づけている（送迎に来られない保護者は事前に同意

書を提出する）。交通の便の悪い児童のためには，できるかぎりミニバスなどの交通手段を提供している。

2009年度まではドーバー郊外コンソーシアムのプログラムとして同地区のみで実施されていたが，2010年度からはドーバー全域に拡大して提供されている。初年度の試みでは，すべての学校が自主的に「不利な児童のための補助金（Disadvantage Subsidy）」を出資したことにより，低価格（活動の多くが1回1ポンド）で各種サービスを提供することが可能になった（ただし，民間団体が提供した活動には高額のものもあり，今後の調整が必要である）。2010年度は合計38種類の活動が10施設で提供され，小中学校全46校の計435名の児童が何らかの活動に参加した。活動内容は，スポーツ，図画工作，語学，カードゲーム，料理，ダンス，演劇，音楽，自然散策，数学・自然科学系学習などである。例として，表2-3に2010年度のプログラムから第1週目の活動表を抜粋する。

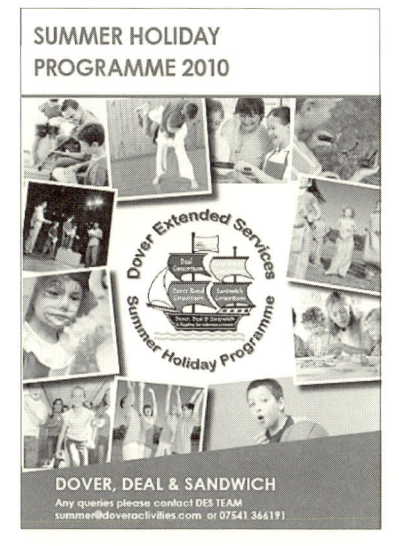

図2-7 夏休み中のプログラムの案内の小冊子
出典：DES TEAM. 2010. *Summer Holiday Programme 2010.*

また，小学校と中学校が共同で行う授業外活動も促進されている。地域内の9つの中学校はそれぞれが特定の科目（例：人文科学，言語，化学，数学，工学，スポーツなど）に特化しており[4]，それぞれが専門を活かしたプログラムを企画し，地域内の小学校に提供している。たとえば，化学を専門にしたウォルマー科学カレッジの主宰する小学生とその保護者を対象にした「家族で科学レクチャー」のシリーズ，芸術に特化したアスター芸術カレッジの支援によるアート活動とそれに続く児童作品の展覧会などがある。

このほかにも，地域全体の小学校を対象とした単発のイベントや企画も活発に行われている。たとえば，ケント州自治体内の少数民族サービス課が主体と

表2-3 2010年夏休みプログラム:第1週(2010年7月26～30日)

	活動名	内容	対象者	時間	参加費	場所
月～金	ホリデークラブ	各種活動	全学年	10:00～12:00 14:00～16:00	£5	リドン小学校
7/26 (月)	ビッグフットドラマスクール(26～30日)	演劇	7歳以上,保護者	未定	£50(週)	ディール教区小学校*1)
	サンバダンシング(26～28日)	サンバ	11歳以上,保護者	未定	£5(1人),£8(家族)	*1)
	チーム・テーマ	各種スポーツ	4～14歳	10:00～15:00	£10(1日),£25(3日),£40(週),兄弟は半額	*1)
	プロフューチャーサッカースクール	サッカー	4～15歳	10:00～15:30	£40(3日),£30(2日),£25(1日)	サンドイッチ・スポーツセンター*2)
7/27 (火)	楽しいスペイン語	スペイン語	10～12歳	9:30～12:00	£1	ウォルマー科学カレッジ*3)
	遊戯王	カードゲーム	7～8歳	9:30～11:30	£1	プライオリーフィールド小学校*4)
	図画工作	工作	7歳以上	9:30～11:30	£1	*4)
	ホリデーFunクラブ	各種活動	5～11歳	10:00～15:30	£1	*4)
	チーム・テーマ	各種スポーツ	4～14歳	10:00～15:00	7/26参照	*1)
	プロフューチャーサッカースクール	サッカー	4～15歳	10:00～15:30	7/26参照	*2)
7/28 (水)	楽しいスペイン語	スペイン語	10～12歳	9:30～12:00	£1	*3)
	図画工作	工作	7歳以上	9:30～11:30	£1	*4)
	ホリデーFunクラブ	各種活動	5～11歳	10:00～15:30	£1	*4)
	チーム・テーマ	各種スポーツ	4～14歳	10:00～15:00	7/26参照	*1)
	プロフューチャーサッカースクール	サッカー	4～15歳	10:00～15:30	7/26参照	*2)
7/29 (木)	遊戯王	カードゲーム	7～8歳	9:30～11:30	£1	*4)
	図画工作	工作	7歳以上	9:30～11:30	£1	*4)
	ホリデーFunクラブ	各種活動	5～11歳	10:00～15:30	£1	*4)
	チーム・テーマ	各種スポーツ	4～14歳	10:00～15:00	7/26参照	*1)
7/30 (金)	チーム・テーマ	各種スポーツ	4～14歳	10:00～15:00	7/26参照	*1)

注:表中の活動場所「リドン小学校」はドーバー郊外地区の小学校,「ディール教区小学校」はディール地区の小学校,「サンドイッチ・スポーツセンター」はサンドイッチ地区の公営運動施設,「ウォルマー科学カレッジ」はディール地区の中学校,「プライオリーフィールド小学校」はドーバー市街地区の小学校.

出典:DES TEAM. 2010. *Summer Holiday Programme 2010*. より作成(連絡先などの詳細は省略)

なり，地域の民族的・文化的な多様性を祝福するイベントとして企画した「お皿の上の世界」プロジェクトでは，ドーバーの99％の小学校が参加し，児童やその家族，学校の教職員からレシピを募って，『ドーバー地区レシピ集』として編集・配布した。2009年5～12月にかけて，小学校27校500名以上の児童が参加した「ポエトリー（詩）プロジェクト」では，第5学年の児童を対象に，高校生ボランティアや地元の詩人が詩のワークショップを開催し，全児童の製作した詩を1冊の本にまとめて無料配布した。このプロジェクトでは，民間の助成金を獲得して出版費用とした。

ここにあげた例のほかにも，各コンソーシアムがそれぞれの地区の社会経済的な状況や問題を考慮しつつ，保護者の学習支援，子育て支援，地域住民に対する成人教育，家族支援や性教育に関する活動のようなさまざまなサービスやプログラムの提供を行っている。

(4) 拡大サービスの評価

拡大サービスの評価を行うためには，評価の基準となる目標や成果を計画段階から明確にすることが重要である。ドーバーの各コンソーシアムでは，6カ月ごとにプログラムやサービスの目標や成果が達成されたかどうかを評価し，それに合わせて行動計画を修正・更新している。また，QES認定[5]の取得を1つの目標とすることで，拡大サービスの向上を図ってきた。各コンソーシアムが2008年7月に「確立途上」，2009年11月に「確立済み」，2010年11月に「発展段階」レベルを取得している。

評価方法は，学力向上を目標とした活動では，全国試験の結果などを参考に，児童の態度の変化や自尊心の向上，コミュニケーション能力のような社会的能力の改善など，目に見えない質的な成果に関しては，活動中のモニターや，参加者や保護者からのフィードバック，質問表などを用いている。たとえば，夏休みのプログラムに参加した児童に対して行われた調査票（図2-8）では，参加者による全体および特定の活動に対する満足度のほか，もっとも楽しかった活動は何か，何を学んだか，などの質的な質問のほか，誰が参加したか（学年，地区，家族など），どの活動がもっとも人気が高かったか，人気があったのはなぜか（活動内容，時間，場所，対象年齢，料金）など，参加状況についての統計をとり，翌年度のプログラムに反映させている。

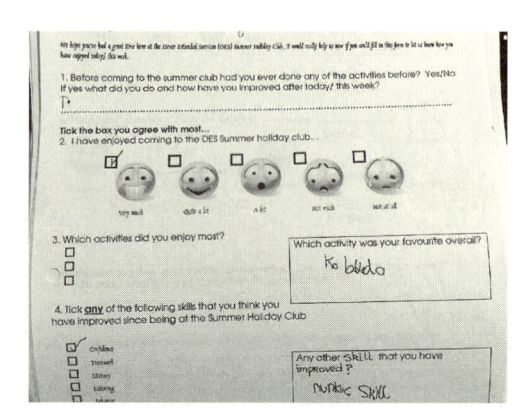

図2-8　夏休みのプログラムに参加した
　　　　児童を対象とした質問表
全体的な満足度をスマイルマークで選択する。
提供：テレサ・バックレー（DES中学校コーディネーター）

(5) まとめと将来の課題

　各学校は地域に独特の異なるニーズをかかえており，必然的にそれらに対応するサービスやプログラムの提供が優先される。また，各自が必要とされる拡大サービスのすべてを提供することは困難である。ドーバーでは，コンソーシアム内の各学校がそれぞれのニーズに対応した異なるサービスを分担し，それらを地区内で共有することで，全体としてより広範なサービスの提供を実現している。また，夏休みのプログラムにみられるように，4つのコンソーシアムが共同して1つのプロジェクトを運営する試みも行われている。ドーバーの例は，地方自治体が主体となって地域全体の拡大サービスを提供する優れた実践例であるといえる。組織的にコンソーシアムを運営することで，共通の目標が認識され，情報が共有され，人材や資源が有効活用され，無駄なコストが省かれている。

　将来的な課題は財政面での持続可能性である。2011年度以降は拡大サービスに利用されてきた政府の教育水準補助金が廃止されたため，各校は学校予算のなかから拡大サービスへの資金を捻出する必要がある。コンソーシアム形式を継続するには参加校による資金の分担が必須であり，そのためにも，学校予算を管理する校長や理事会を今まで以上に説得する必要がある。拡大サービスの効果の評価方法を改善し，より明確に児童の成長に対するプラスの影響を提示していくことが求められている。DESチームでは，児童の全人的な成長のように質的な効果をいかに定量化して評価するかを模索中である。

3 イギリスの取り組みの特徴と課題

1, 2節では，イギリスの拡大学校／拡大サービス（以下，拡大サービスとする）の背景や概要をまとめ，2つの実践例を通して具体的な側面について紹介した。本節では，発展の経緯や実践例を考察することで浮かび上がったイギリスの拡大サービスの特徴や今後の課題を以下にまとめる。

a イギリスの拡大サービスの特徴

イギリスの拡大サービスの特徴をまとめると，以下の4点に集約できるであろう。

第一に，幅広い活動内容・領域があげられる。拡大サービスでは，初等中等教育における授業前，放課後，長期休暇中の学習支援や各種活動，義務教育修了後の研修・就職支援，就学前児童の保育サービスや育児支援，保護者や地域住民を対象とした地域施設の利用，成人教育や雇用支援など広範囲にわたる。児童を対象としたプログラムでは，補習や宿題支援などの学習活動にかぎらず，スポーツ，芸術，音楽，ゲーム，リクリエーション活動など，児童の興味や関心を引くようなさまざまな活動が提供されている。これは，拡大サービスを通して児童の自信や自尊心，学校や学習に対する態度など，児童の精神面・行動面での支援を行うことが，通常授業における学力の向上につながるという考えにもとづいている。また，保護者を支援することが子どもを支援することにつながるという発想で，保護者への育児支援や各種の社交・文化活動，コンピューターや語学などの学習活動が提供されている。

本書では小学校の児童を対象とした活動に限定して紹介したため，保護者や地域住民に対する活動の詳細にはふれていないが，児童を対象とした支援の一環として小学校で保護者向けの活動が提供されていることは，ウッドランド・ジュニアスクールの実践例にみたとおりである。これらの幅広い活動内容の背景には，児童の学力到達度を向上し，人生における成功の機会を拡大するには，学習面における支援のみでは不十分であり，児童の置かれた社会経済的な環境全体に取り組む必要があるという理解がある。

第二に，地域の学校間のパートナーシップ，あるいはクラスター化やコンソーシアムの形成による連携・協力が特徴としてあげられる。ウッドランド・ジュニアスクールの実践のように地域の学校がパートナーシップを組む例では，近隣小学校との情報交換を通して先導的事例を共有したり，民間のすぐれた指導員を確保したり，あるいは近隣中学校と夏休み中の活動を共同主催したりすることで，無駄を省き，より効率的にサービスの提供を行うことが可能になっている。ケント州ドーバー地区の試みにみられるように地域全体でコンソーシアムを形成する例では，各校が地域のニーズに沿ったサービスの提供に限定しつつ，地区内の誰もが利用できるように開放することで，限られた資源を最大限に利用し，全体としてより幅の広いサービスの提供が可能となっている。このように，地域の学校がパートナーシップを組むことで，拡大サービスの実施に関する知識や経験が共同で蓄積されることにより，単独で行った場合よりも効率的かつ広範なサービスの提供を行うことができる。
　第三に，学校と地域社会に現存する複数機関による連携・協力があげられる。学校を中心として，地域の公共サービス（スポーツ施設，成人教育機関，雇用支援などの社会福祉，言語療法士・児童心理学者などの専門家によるサービスなど），民間組織，慈善団体，NPOなどがネットワークを構築することにより，単独では行えない多種多様で広範な支援が可能になっている。
　たとえばウッドランド・ジュニアスクールでは，地元の成人教育機関と連携して英語を母国語としない保護者を対象に英語教室を実施していた。ドーバークラスターでは，地域のスポーツ施設の協力による運動プログラムや，自治体内の移民担当部署の主導による児童を中心とした地域の文化的プロジェクトなどの実践が行われていた。複数機関による実施には，学校にとっては地域内の資源を活用することで学校改革を推し進めることができ，地域にとっては学校施設・設備を利用することで地域の改革や活性化を図ることができるという，両方の側面がある。つまり，どちらか一方に負担が増えるのではなく，双方にとってのメリットとなるため，当事者が納得したかたちで連携協力することが可能になる。言い換えれば，事業を安定的かつ継続的に持続するための仕組みであるともいえる。また，学校と地域のパートナーシップによる拡大サービスの実施は，地域全体で子どもを育てようという発想に裏づけられている。

第2章 イギリスの拡大学校の実践からみた放課後活動　**57**

　第四に,中央政府の委嘱で拡大サービスの事例研究,その効果や影響に関する調査・評価が蓄積され,その成果が調査報告書や実施のためのガイダンス,自己評価のためのツールキットなどといったかたちで発表され,現場に反映されている点もまた重要な特徴である。そもそも拡大学校の導入にあたっては,2001年にイングランドの3カ所で実証プロジェクトが行われ,研究グループの調査によってそのプラス効果が確認されたうえで,この政策の促進が決定されている。その後も2011年に発表された最新の報告書に至るまで,拡大学校／拡大サービス発展の各段階において全国規模の質的・量的調査が行われ,報告書をもとにして現場の実践に役立つようなガイドラインやツールキットが作成され,インターネット上などで簡単に入手可能となっている。

　研究結果の報告書やガイドラインには,拡大サービスの具体的な利点や課題・問題点のほか,現場のヒントとなるような運営上あるいは活動内容についての優れた実践が具体的に紹介されている。また,拡大サービスの実施に際して重要となるニーズ調査を行うための自己採点式のツールキットや,実際に提供しているサービスの評価を行うために指標となる自己評価のための枠組みなど,実践に携わる学校や保護者,関係機関が自覚的に企画立案,運営を行うための手段が提供されている。現場では,これらを利用することにより,自らの実践を客観的に評価し,さらなる改善に向けた目標を設定することが求められている。このようなかたちで調査研究の成果が逐一現場に反映されている点が,イギリスの拡大サービスの浸透・成功の背景にあると思われる。本書の巻末に,企画立案のためのツールキットおよび学習支援活動の自己評価のための枠組みの一部を翻訳したものを参考として記載する(巻末資料「3　イギリスの拡大学校」)。

　このようにイギリスの拡大学校／拡大サービスの主な特徴としては,広範な活動内容,地域の学校間のパートナーシップ,学校を核とした複数組織のネットワーク化,調査研究による実践の評価とその結果の現場への反映の4点があげられる。しかし拡大サービスに関する調査報告によれば,この他にも,①実施の方法が多種多様で統一的なモデルが存在しないこと,②実施において明確な目標が掲げられていること,③強いリーダーシップと優れた管理・運営が行われていること,④保護者やコミュニティが深く関与していることなどが,

共通する要素としてあげられており，それらもイギリスの取り組みの特徴といえるであろう。

b　イギリスの拡大サービスの今後の課題

では，イギリスの拡大サービスの課題とはいかなる点にあるのであろうか。課題は大別すると，以下の2点があげられる。

第一に，今後も継続的にサービスを提供するには，財政面も含めて持続可能なモデルを確立することが重要である。2001年以降，前労働党政権は拡大学校の導入に対して多額の補助金を投入してきた。しかし2010年5月に発足した保守党・自由民主党の連立政権は，拡大サービスの十分な浸透を理由に2011年度以降の補助金の廃止を決定している。地方自治体や学校が，政府からの補助金を頼りに拡大サービスの実施・運営を行ってきた事実は否めない。補助金が廃止された今，現場では新たな資金調達モデルが必要とされている。すでに参加者から直接参加費を徴収する，不利な立場にある児童には新しく設置された児童割増手当を利用するなどの対策がとられているが，活動内容に応じて，関係する分野の慈善団体による助成金や民間のスポンサーからの援助をとりつけるなど，継続的で長期的な予算の確保が重要である。ドーバー地区のような先駆的な例では，校長や拡大サービス・コーディネーターを対象にした助成金申請書の作成のためのワークショップを計画しており，新たな資金調達への試みは始まったばかりである。また，限られた予算で今まで以上のサービスを提供していくには，学校間のコンソーシアム形成や，他機関とのネットワークを通して，人材や施設設備などのリソースをますます効率的に利用する必要がある。

第二に，拡大サービスを実施する学校が各自の提供するサービスや活動の成果・影響を測るために，体系的かつ継続的に評価を行うことが重要である。拡大学校／拡大サービスについては，導入当時から政府委嘱の研究グループによる実態調査や効果・影響についての研究が行われてきたが，現場における自己評価はまだ十分に実施されているとはいえない。たとえば，教育水準監査院（Office for Standards in Education：Ofsted）の2008年の報告書によれば，事例研究の対象校では，各自の提供する拡大サービスの影響を評価することの必

要性を認識しているものの，これまでに体系的な評価を行っている，あるいは情報を収集するための方法を確立している学校は少数であった。

　たしかに，カーペンター他（2011）による報告書でも，拡大サービスの意図する成果の多くが，児童の幸福感の向上，学びへの態度の改善，自尊心や自信の付与など，定量的に測定することが困難で，そのために評価やモニターを行うことが難しいことが指摘されている。しかし，これらの報告書によれば，拡大サービスをうまく運営して成果を出すためには，明確な目的や目標を設定することで，より的を絞って効率的にサービスを提供する必要があり，そのためにも現状の把握や改善のための体系的なモニターや評価が重要であることが強調されている。拡大サービスを提供する学校や関係組織には，質問票による調査，児童や保護者とのインタビュー，利用者や関係者とのフォーカスグループ，学力試験のデータ，参加状況のデータ，協力機関や指導員からの証言など，さまざまな手段を駆使してエビデンスを蓄積・分析し，提供するサービスの改善に活かすことが求められている。

　一方，前述のような課題が見出されるものの，著者が実際に現地を調査して率直に感じたのは，現場に携わる人々が，拡大サービスの子どもたちに与える影響やプラス効果に対して，強い信念と情熱をもって取り組んでいることである。ウッドランド・ジュニアスクールの拡大サービス・コーディネーターは，同地区のかかえる課題に積極的に取り組み，保護者への支援を充実することで，児童の置かれた問題に取り組んでいた。ドーバー地区の連携組織では，総責任者や拡大サービス・コーディネーターなどの強いリーダーシップをもった人材のもとに，各校の担当者が協力し合い，学校を越えた地域全体の課題に対処していた。前述の2つの事例にみられるように，拡大サービスの実践と効果に対する共通の理解と，それぞれの学校や地域の問題に根差した明確な目標を関係者が共有している場合には，諸課題を克服して確実な成果を上げることが実現されていると感じた。

注
1) 経済的に困窮している家庭の児童は，給食を無料で受ける権利が保証されている。公立学校の調査を行うオフステッド（教育水準局）では，全校児童に対する「無料で給食を受ける権利のある児童」の割合を，その学校が所在する地域の貧困の度合いを測

る指標として利用している。
2) 1 ポンド＝ 120 円で換算
3) 英国の教育制度では，児童の発育段階が 4 つの鍵となる段階（キーステージ）に分けられ，カリキュラムの設定や学習到達度の目標設定・評価が行われている。キーステージ 2 は，小学校第 3 ～ 6 学年（7 ～ 11 歳）にあたる。
4) 英国政府のイニシアチブで，スペシャリスト・スクールと呼ばれる。芸術，ビジネス，工業，言語，科学，スポーツなどの科目に特化したカリキュラムをもつ中学校をさす。2010 年 5 月に新政権が発足した時点では，全国に約 3,000 校のスペシャリスト・スクールが存在したが，現在はこのスキームは廃止されている。
5) Quality in Extended Services（拡大サービスの質）の略。カンタベリー・クライストチャーチ大学が開発。同大学が開発した学習支援に関する認定システム「QiSS 認定（Quality in Study Support，学習支援の質）」に，保護者や地域社会への支援も加えたもの。

参考文献

植田みどり　2008　「地域の教育力」を活用した学校改革に関する日英比較研究──資料集　国立教育政策研究所
榎本剛　2002　英国の教育　自治国際化協会
Buckley, T. 2010. *Dover Extended Services (DES), Dover Rural Consortium, the Impact of Study Support on Engaging Families and Raising Aspiration, Self Esteem & Attainment across the Dover District.* Dover Extended Services.
Carpenter, H., Cummings, C., Dyson, A., Jones, L., Kassam, No., Muiji, D., Papps, I., Peters, M. & Todd, L. 2011. *Extended Services in Practice-A Summery of Evaluation Evidence for Head Teachers.* Department for Education.
Department for Children, Schools and Families. 2009. *Extending Learning Opportunities: A Framework for Self-evaluation in Study Support.* DCSF.
Department for Education. 2010a. *Extended Services -FAQs.* DfE.
(http://media.education.gov.uk/assets/files/pdf/e/extended%20services%20-%20faqs.pdf)〔2012 年 2 月 21 日アクセス〕
Department for Education. 2010b. *What are extended services?* DfE.
(http://www.education.gov.uk/popularquestions/schools/typesofschools/extendedservices/a005585/what-are-extended-services)〔2012 年 2 月 21 日アクセス〕
Department for Education. 2010c. *The Schools White Paper: The Importance of Teaching.* DfE.
Department for Education and Skills. 2005. *Extended Schools: Access to Opportunities and Services for All, A Prospectus.* DfES.
Dover District Council. 2012. *Fact about Dover District.* Dover District Council.
(http://www.dover.gov.uk/regeneration_delivery/statistics/facts_about_dover_district.aspx)〔2012 年 2 月 24 日アクセス〕
Dover Extended Services. 2010a. *A District Self Evaluation Form.* DES.
Dover Extended Services. 2010b. *'Dover Extended Services(DES) Impact Case Studies', A District Self Evaluation Form.* DES.
Dover Extended Services. 2010c. *Summer Holiday Programme.* DES.
Kent County Council, Research & Intelligence. 2011. *Dover Ethnic Origins Mosaic Data.* Kent County Council.

(http://www.dover.gov.uk/PDF/Dover%20Ethnic%20Origins%20Mosaic%20data.pdf)
　〔2012年2月24日アクセス〕
London Borough of Redbridge. 'About Redbridge'. *Redbridge i*.
　(http://www2.redbridge.gov.uk/cms/the_council/about_the_council/about_redbridge.
　aspx)〔2012年2月13日アクセス〕
Navaid, G. 2010. *Quality in Study Support Recognition Scheme for Revalidation at ESTABLISHED level-Woodland Junior School Revalidation Documents*. Woodlands Junior School.
Office for Standards in Education. 2008. *How well are they doing?: The impact of children's centres and extended schools*. Ofsted.
Ofsted. 2002. *Inspection Report: Woodlands Junior SchoolI, Inspection number: 194855*. Ofsted.
Quality in Study Support and Extended Services. 2010. *Quality in Study Support Recognition Scheme: Key Information*. Canterbury Christ Church University.
Rowan, S. 2011. *LB Redbridge Children's Services Resources Pack 2011*. London Borough of Redbridge.
The Education Guardian. '£1bn boost for after-school clubs'. Wednesday 25 July 2007.
　(http://www.guardian.co.uk/education/2007/jul/25/schools.uk1)〔2012年3月4日ア
　クセス〕
The Guardian. 'Hodge calls for more extended schools'. Wednesday 22 October 2003.
　(http://www.guardian.co.uk/education/2003/oct/22/schools.uk2)〔2012年3月4日ア
　クセス〕
Training and Development Agency for Schools. 2007. *Extended Services: Toolkit for Governors*. TDA.
Wilkin, A., White, R. & Kinder, K. 2003. *Towards Extended Schools: A Literature Review*(Research Report 432). National Foundation for Educational Research.

第3章
フランスの学校を場とする放課後活動

1 フランス政府による放課後改革の経緯と現状

a フランスの小学校での放課後

　フランスの小学校は，6〜10歳を対象とする5年制であり，市町村が設置し，日本の文部科学省にあたる国民教育省が管轄している。フランスの小学校（école élémentaire）を訪れると，フランスの国旗，フランス大統領の肖像写真，そして，フランス共和国の象徴である自由の女神マリアンヌ（Marianne）の白い彫像の出迎えを受ける。これらの国家的シンボルに遭遇するとき，小学校がフランス共和国の義務教育機関であるということに，改めて気づかされる。

　子どもが小学校に通うのは，月・火・木・金の週4日であり，水曜日と日曜日に加え，原則として土曜日も休みである。小学校の授業時間数は，この週4日制が2008年に導入されたことにより，週26時間から24時間に削減された。学年暦によれば，2カ月の夏期休業後の9月に新学期が始まり，7週間の授業と，万聖節（10月下旬），クリスマス（12月下旬），冬休み（2月中旬），春休み（4月初旬）のそれぞれ2週間程度の長期休暇が繰り返される。そのため，年間授業日数は，160日程度にとどまり，ヨーロッパ諸国のなかでももっとも授業時間数が少ないといわれる。このことは，逆にいえば，放課後の時間や休暇の時間が多いということを意味する。

　小学校の子どもたちの過ごす時間は，フランスの行政用語で表せば，①

授業が行われる「学校時間」(temps scolaires)，②学校時間の直前の朝の時間，昼食を含む昼休み，学習支援活動や文化スポーツ活動などが行われる授業直後の「学校周辺時間」(temps prescolaire)，③夜間，学校のない水曜日，長期休暇中の「学校外時間」(temps extra-scolaire) の3つの時間に区分される[1]。

「学校時間」とは授業時間のことであり，小学校での通常の授業は，8時30分～11時30分，13時30分～16時30分となっている。学校がある日の「学校時間」以外の時間が「学校周辺時間」

図3-1 小学校に置かれた自由の女神マリアンヌ

と呼ばれ，この「学校周辺時間」と呼ばれる時間が，私たちのイメージする放課後活動の時間にあたる。

「学校時間」以外の「学校周辺時間」や学校のない日である「学校外時間」は，従来，主に青少年・スポーツ省が管轄する社会教育のかたちを借りて，小学校，地方自治体の社会教育施設である余暇センター (centre de loisirs)，あるいは，音楽や舞踊を教える学校であるコンセルバトワール (conservatoire)，スポーツセンター，市町村が財政支援するアニマシオンセンターなどの場で，市町村によって組織化されてきた。このうち余暇センターは，労働時間短縮にともなう余暇政策，女性の社会進出といった社会的背景を受けて，子どもが余暇活動を行う場として1970年に設立され全国に広がったものである。現在，余暇センターは，保護者が働いている間の預かり保育の場と同時に，あらゆる子どもに文化やスポーツ活動に参加する機会を基本的権利として保障する場，また，集団のなかで子どもが社会化していく場として存在しており，地域の要請に応じて学習支援などの教育支援も行っている。

子どもの放課後を担うスタッフは，学校教育の延長として教員が給与以外の手当てを支給されて指導を行う場合もあるが，アソシアシオン (association)

と呼ばれる民間団体が運営を請け負い、そのスタッフとしてアニマトゥール（animateur）と呼ばれる社会教育指導者が担当することもよくみられる光景である。アニマトゥールとは、社会学者 G. プジョル（Geneviève Poujol）の定義によれば「人の自由時間に働きかける社会的労働者」[2]であり、その資格の種類や常勤・非常勤といった身分はさまざまである。私たちにとっては、大学生などが従事するキャンプリーダーや、専門職としては社会教育施設の専門職員といったものがいちばん近いかもしれない。

b 地方自治体による放課後活動

子どもたちが学校の時間以外をどのように過ごすかは、家庭や地域の環境に影響を受ける。豊かな地域では、家庭の文化的資本や恵まれた経済状況により、子どもたちは個人的に習い事に通う場合もあるし、余暇センターの内容も地域の文化水準に応じたものになるであろう。逆に、都市郊外の低家賃集合住宅団地が密集する地域は、生活・教育環境も劣悪であり、治安上の問題も多い。このような恵まれない地域の子どもたちにとっては、学校時間以外の自由時間は、貧困などの家庭環境の影響を大きく受けやすく、勉強以外の無為な過ごし方による落第や中退といった学業失敗（échec scolaire）、あるいは逸脱行動や非行の遠因となるリスクをともなった時間でもある。とりわけ、学業失敗は、落第に始まり、無資格離学、失業といった負の連鎖の原点である。フランス国立統計経済研究所（INSEE）[3]の統計による 2010 年の 15 〜 24 歳の失業率は 22.9% であり、また、学歴別では資格・免状（deplôme）がない者や初等教育修了証（CEP）のみの者の失業率は 16.1% になっている。移民などの社会的に恵まれない層は、学業失敗の率が高く、資格や学歴がないために失業する確率も高く、貧困にともなって社会的に排除されていく構図がある。そのため、学業失敗者を縮減することは、若年失業者の多いフランスの積年の課題であった。

移民などの子どもたちの学業失敗の問題が 1970 年代に社会問題化すると、ミッテラン政権のもと、1982 年に学業失敗率の高い特定の地域を優先教育地域（Zone d'Éducation Prioritaire：ZEP）として指定し、重点的に支援する政策が行われるようになった。この優先教育地域にある余暇センターでは、地域の

子どもの問題としての学業失敗に対応するため、宿題援助などの学習支援活動（この活動は「学習随伴支援」（accompagnement à la scolarité）と呼ばれる）などに余暇活動を拡げる可能性が追求されるようになる。余暇センターは地域のセンターとして、恵まれない家庭環境から子どもたちが学校文化へ適応するために、時間と空間を提供する場としての役割を担うようになるのである[4]。

このように、小学校の設立主体である市町村は、「学校周辺時間」に、小学校、あるいは余暇センターなどの社会教育施設において、教員、青少年の指導に従事するアニマトゥールやボランティアなどにより、地域の実情に応じた子どもの放課後活動を組織化してきた。近年にみられる新たな動きは、このような従来の放課後活動に対し、国が積極的に介入を行うようになってきたことである。

c 国民教育省の施策

2007年、フランスでは、政府主導により、すべての公立中学校と優先教育対象の小学校（2009年現在3,434校）で、放課後にあたる「学校周辺時間」に学習支援、スポーツ活動、文化活動を行わせる教育支援活動（「教育随伴支援」〔accompagnement éducative〕と呼ばれる）が推進されるようになった。このような教育支援活動は、国の予算にもとづき学校単位で行われており、実施の範囲や対象、支援者の種類は学校に任されている。

教育支援活動が小学校に導入された背景には、OECDによる国際調査（PISA）や、国内における小学校2学年と最終学年5学年に行われる国民教育省による全国学力調査（悉皆調査）の結果、フランスは家庭の経済格差にもとづく学力格差が大きいことや、経年的には学力下位層の占める割合が拡大していること、とくに優先教育地域に学力下位層が増加しており、教育の格差が広がっていることなどが明らかにされたことがある[5]。社会階層間の学力格差が大きいことは、従来から自明とされてきた。しかし、それを裏づける国際調査や国内調査の結果は、フランスの世論にあらためて状況の深刻さを認識させるものであった。

これらの現状に対し、学力の定着と向上をめざし、公立中学校は全校、小学校は学力下位層の多い優先教育地域にある学校を対象に、子どもの放課後の時間を活用した国の教育支援活動が積極的に行われることになった。これは、当

図3-2　小学校併設の余暇センター

時のサルコジ大統領の決定である。とくに大統領決定というかたちをとったのは，国民教育省が管轄する「学校時間」と地方自治体が管轄する「学校時間」以外の時間全体を包括的に扱うために，上位機関での決定が必要とされたからである。このことで，放課後施策は，国と地方公共団体の連携のもと，体系的に有効に行われることが期待されることになった。現場の理解によれば，小学校における放課後での学習支援を含む余暇活動は，市町村によって従来から行われてきており，放課後の時間を活用した国の教育支援施策は，これまで行われてきた活動に国が予算的にも一部かかわるようになったということである。そのため，活動内容にあっては，これまでの市町村で行われてきた活動と重複せず，かつ指導者の連続性が求められるようになった。

2　パリ大学区による放課後改革の現状

フランスの放課後活動は，主に地方自治体と，青少年およびスポーツに関する政策を管轄する省庁によって担われてきた。しかし今日，国民教育省が放課後活動に関与するようになったことを背景に，各地域で，従来の地方自治体による活動と，国民教育省（ここでは地方において教育省を代表する大学区）による活動との間に共存状態が生じている（表3-1）[6]。

そこで第2節では，パリ大学区が実施する教育随伴支援の概要と実態を，第3節で，市政による放課後活動のいくつかを紹介し，異なる実施主体による活動がいかに共存しているかを，パリ市内の小学校での放課後活動実施事例を通じて紹介することにしよう[7]。

第3章　フランスの学校を場とする放課後活動

表3-1　学校における諸活動に関する地方自治体と国民教育省の管轄区分

	パリ市	国民教育省
学校時間（temps scolaire）	・BCD（Bibliothèques centres de documentation）……「図書館」を全小学校に設置 ・EPL（Espaces premiers livres）……「はじめての本の空間」を保育学校に設置 ＊双方ともに特別な育成プログラムを受講したパリ市のアニマトゥールが責任者となる ・フランス語資料センター ・ロベール・リネン・フィルムライブラリー ＊さまざまな活動を子どもに提供 ・「発見教室」（classes de décourertes）や修学旅行，優先教育対象地区でのプロジェクトに財政援助	授業
学校周辺時間（temps périscolaire）	・給食 ・監督付学習（étude surveillée） ＊小学校で実施 16H30～18H（25～27名） ・無料読書アトリエ ＊小学校で実施 16H30～18H ・アトリエ・ブルー（ateliers bleus culturels et sportifs） ＊小学校で実施 16H30～18H ・おやつの時間（goûter récréatif） ＊保育学校で実施 16H30～18H30	・個別支援 （aide personnalisée） ・レベルアップ研修 （stage remise à niveau） ・教育随伴支援 （accompagnement éducatif）
	・学習随伴支援（accompagnement à la scolarité） ／ALEM（Ateliers Lecture Expression Mathématiques）……「読書・表現・算数アトリエ」は小学校5年生対象の自習促進のための教室。中学校1年生では（AFM6:=Ateliers « français et mathématiques »）にかわる。 ／Clubs « coup de pouce »……「後押しクラブ」は小学校1年生対象の読書支援。	
学校外時間（temps extrascolaire）＝水曜，土曜，休暇	・「余暇センター」 ［保育］3～6歳／8H20～18H30 ［初等］6～14歳／8H20～18H ・「土曜アトリエ」 ［初等］6～14歳／8H45～11H45 ・「アニマシオンセンター」 ・「社会センター」 ・「学校運動センター」8H～12H，13H～17H30 ・「市立スポーツ学校」 ・「芸術学校」 ・「おもちゃライブラリー」 ・「虹の休暇」5～12日の自然学校	—

出典：小林純子　2012　フランスの初等教育段階における放課後活動支援──教育随伴支援施策の導入　国立教育政策研究所紀要　表1（印刷中）

a　パリの概要

フランスの地方自治体（collectivités territoriales）には，主にコミューン（communes），県（départements），地域圏（régions）がある[8]。通常は地域圏が複数の県を含み，各県が複数のコミューンを含むという構造になっているが，パリという都市は，県であると同時にコミューンであり，地方自治体の2つのステイタスをあわせもっている[9]。パリは，イル・ド・フランス地域圏の一部をなす人口2,211,297人のまちである[10]。県としてのパリは，2009年の年間平均給与所得（revenus salarial）が全国平均を上回る28 751ユーロで，フランスでもっとも高いオ・ド・セーヌ県に次いで高い（表3-2）[11]。

2010年，パリにある小学校の数，中学校の数は，公立と契約私立を合わせてそれぞれ452校，176校である（表3-3）。契約私立（privé sous contrat）とは，教育の内容，教員の資格，財政援助に関して国との契約を交わしている私立学校のことをさす。契約外私立（privé hors contrat）も存在するが，こうした学校への就学生徒数は少ない[12]。

表3-2　年間平均給与所得（2009年）

県	全体	男	女
パリ	28 751	33 241	24 421
オ・ド・セーヌ	29 118	34 450	23 939
フランス平均	20 249	23 199	17 173

出典：フランス国立統計経済研究所ウェブページ
　　　（http://www.insee.fr/fr/themes/tableau.asp?reg_id=99&ref_id=t_1001D）〔2012年5月2日アクセス〕

表3-3　パリの小学校数，中学校数，就学児童数（2010年）

		公立	契約私立	合計
学校数	小	345	107	452
	中	112	64	176
生徒数	小	80,542	25,023	105,565
	中	56,157	28,707	84,864

b 教育随伴支援の内容

パリ大学区は，教育省の推進する教育随伴支援（accompagnement éducatif）を担っているほか，パリの市政が提供する放課後活動のいくつかに，評価の主体として関与している。

教育随伴支援の実施に関する 2007 年 7 月 19 日付国民教育省官報第 28 号と 2008 年 4 月 10 日付国民教育省官報第 15 号を受けて，大学区では独自に，2008 年 5 月に教育随伴支援のガイドを出版している[13]。

それによると，社会的出自にかかわらず，すべての子どもが学業に成功して豊かに成長する平等な機会を得ることを目的として，学校は「学習の援助」「スポーツ」「芸術文化活動」の 3 つの分野の放課後支援を無償で提供する。

学習支援の分野の活動では，「授業の内容をより深く理解すること」や「学校で課された宿題を行うこと」を希望する生徒に，そのための充実した環境を提供することを目的としている。また，教科横断的な学習や，資料の読み方，探し方など，学び方の追求に関連した活動も推奨されており，子どもの学びへの意欲や努力を発達させることに重点が置かれている。

スポーツ分野の活動は，単なる休み時間の遊戯を超えて，教育的なスポーツの実践でなければならない。ガイドでは，生徒がスポーツの実践を通じて自分自身のイメージについて考えたり，健康維持のための実践を促進したり，パリのコンセルヴァトワールやダンスクラブと連携してダンスや曲芸技を実践したり，共通基礎の技能の 1 つである「水泳」の学習を支援したりすることが，スポーツの実践として提案されている[14]。担い手として，体育の教員，生徒指導補助員，外部協力者が想定されているほか，地元のスポーツ・アソシエーションの指導者や，スポーツを司る省が公認したスポーツ連盟に加盟しているクラブとの連携も可能とされている。また，県地域圏青少年スポーツ局（DRJS），県オリンピックスポーツ委員会（CDOS），初等教育スポーツ連盟（USEP）などとの連携も推奨されている。

芸術文化活動は，授業での文化，芸術，学術の諸活動に連なるものとして位置づけられている。音楽，演劇，絵画，舞踊，映画，建築，写真，庭園芸術など，場，作品，芸術家との出会いや，そこから生まれる実践によって，各々が発達し，

豊かに成長することを目的としている。ガイドでは，地域圏文化局（Direction régionale des affaires culturelles）や美術館，劇場，アソシエーションなどとの連携を通じて，芸術家または教員が行う文化アトリエの実施，図書館，劇場，映画館，美術館などの文化的リソースの知識の獲得などが芸術文化活動として提案されている。

C 教育随伴支援実施の実態

パリ大学区によれば，2007〜2008年度，教育随伴支援を実施した中学校は大学区内のすべての中学校にあたる178校であった[15]。このうち111校が公立校，68校が契約私立校に該当する[16]。

一方，2007〜2008年度に教育随伴支援を実施した小学校は112校で，すべて優先教育対象校である。うち17校が成功希望ネットワーク（RAR），95校が学業成功ネットワーク（RRS）であった[17]。

パリ大学区の2009〜2010年度のデータでは，優先教育対象校の小学校に就学する児童の2,110名と，16,750名の中学生が教育随伴支援を享受している[18]。これは，パリの小学校と中学校（公立と契約私立を含む）に就学する全児童のそれぞれ2％と20％に相当する[19]。全国では（公立のみ），同じ年に小学生の4％にあたる172,169名が，中学生の33％にあたる809,098名が教育随伴支援を享受しており，教育随伴支援がその対象をきわめて明確に限定した

	小学校	中学校
教師	61.7	76.7
外部講師	5.8	3.2
認定アソシエーションの指導者	8.8	4.2
生徒指導補助員	4.3	18.6

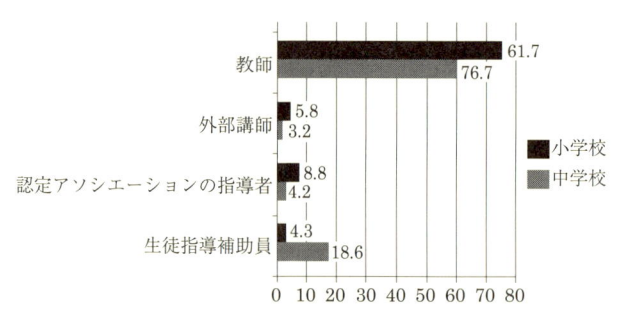

図3-3 教育随伴支援の担い手（％）
（対象は2011年教育随伴支援を実施した全国の公立学校）

出典：教育専門家向け教育情報サイト Eduscol のデータより作成
（http://eduscol.education.fr/pid23274-cid48079/donnees-chiffrees.html）〔2012年5月2日アクセス〕

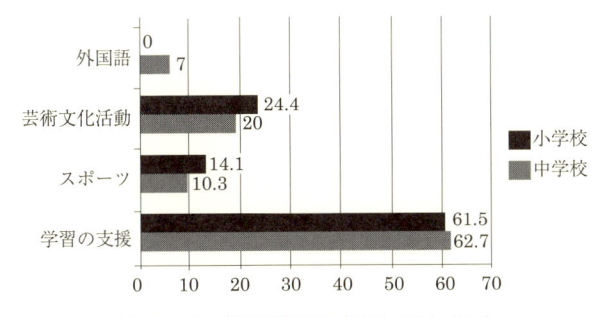

図3-4　教育随伴支援の内容（％）
（対象は2011年教育随伴支援を実施した全国の公立学校）
出典：教育専門家向け教育情報サイトEduscolのデータより作成
（http://eduscol.education.fr/pid23274-cid48079/donnees-chiffrees.html）〔2012年5月2日アクセス〕

活動であることがわかる。

　教育随伴支援の担い手は，小学校，中学校ともに教員であることがもっとも多い（図3-3）。活動内容としては，小学校，中学校ともに「学習の支援」に費やされた時間がもっとも長い（図3-4）。

3　パリの小学校・余暇センターの実践紹介

a　市政が提供する放課後活動支援

　市の提供する放課後活動には，学習随伴支援（accompagnement scolaire），おやつの時間（goûter récréatif），監督付学習（étude surveillée），アトリエ・ブルー（ateliers bleus culturels et sportifs）などがある。

　小学生向けの学習随伴支援は，パリでは優先教育対象校で実施されている。個人的な充足感を高める目的をもった他の学校周辺活動とは区別され，あくまでも学習への意味づけを目的とすることが強調されている。ただし，行動や学習に重大な問題がみられるような子どもに対する支援ではなく，「学業に若干の脆弱性がみられる子ども（élèves scolairement fragiles）」向けに，科学的な知識とかれらの環境をつなぐような方法や手段を提供し，その関心を広げて自律性や協調性を促進し，学校で学ぶことの意義を高めるための活動である[20]。

小学校5年生向けの「読書・表現・算数アトリエ (Ateliers Lecture Expression Mathématiques, 以下 ALEM)」と，小学校1年生向けの「後押しクラブ (clubs coup de pouce)」がある。前者は自主学習を促すための教室で，パリには62のALEMがある。後者は読書の学習を促すための教室で，パリに243クラブある[21]。この活動を主に管轄し，財政支援を行っているのは，パリ市の学校教育課 (Direction des affaires scolaires : DASCO) である。しかし国民教育省や学校機会均等アソシエーション (Association pour favoriser l'égalité des chances à l'école, 以下 APFEE) も指導者の育成や評価において共同で活動を支援している。

おやつの時間は保育学校で実施されるもので，子どもが遊戯的に物語を聞いたり，アルバムに目を通したり，読んだりするための活動が行われる[22]。おやつは市から供給される。

監督付学習とは，放課後の休憩のあと，25～27名で構成されたグループごとに，アニマトゥールや教員が監督につく自習の時間である。

アトリエ・ブルー (ateliers bleus culturels et sportifs) には，文化活動とスポーツがあり，前者は市の学校教育課が，後者は市の青少年スポーツ課が担当することになっている。学校のある日の放課後毎日16時30分～18時に，ひとクラスあたり12～20名を受け入れ，年間30回実施している。パリ市が選定したアソシエーションやスポーツ・クラブが，音楽，外国語，造形芸術，文化遺産，バスケット，柔道，テニス，ローラースケート，チェスなどの活動を提供する。ALEMや後押しクラブに比べると受け入れ人数も多く，学習随伴支援のようにとくに対象者を限定していないため，すべての児童に開かれているという特徴をもっている[23]。

また，学校外で公的機関が子どもを受け入れる活動を，放課後活動（学校がある日の学校での授業後の活動）に限定しなければ，図書館や給食は，市が担当する分野となっており，余暇センターをはじめ，各種センターは市が運営している（表3-1）[24]。さらに市は，「虹の休暇」という林間学校に近い長期期間の活動をアソシエーションとともに提供しており，こうした活動のなかでは，主にヨット，乗馬，演劇などが行われる。

国民教育省による教育随伴支援が無償であるのに対して，これら市政提供の

放課後活動は有料である。ただし，料金は家庭の収入の格差や扶養者数に応じて設定されている（巻末資料「フランスの学校周辺活動にかかわる費用」参照）。

パリ市はアニマシオン職員と呼ばれる指導員を平均で日中6,350名，夜間2,700名雇用している[25]。かれらはパリ市が提供する活動で，子どもの指導にあたる。パリ市学校教育課の提供資料によれば，2,200名が常勤職員で，そのうち1,670名が正職員，460名が正職員と同じ任務を負っている任期3年の契約職員である。それ以外に，必要に応じて，自由契約職員7,000名を雇用している。自由契約では時間単位のパートタイムから年間単位の期限付き雇用まできわめて多様な期間での採用を行っている。パリ市学校教育課によれば，こうしたアニマシオン職員の育成は優先事項となっており，育成された職員数は2010年に2,000人以上，研修への到達率は67％となっている。

パリ市は，保育学校における給食および間食の監督任務を行う職員については，18歳以上の職業適性書（CAP）保持者もしくは職業教育修了証（BEP）保持者を採用している。監督付学習についてはバカロレアを保持していることが条件であり，余暇センターに採用されるにはアニマトゥール適格証（BAFA）が必要である。センター長職適格証（BAFD）保持者，もしくはこれに相当する資格を保持するものは，余暇センター長となることができる。

b　パリ市内R小学校の実践例

優先教育対象校のR小学校では，放課後にさまざまな活動が行われている（表3-4）。教育随伴支援は，あらかじめ実行するプログラムをもって立候補した教員によって担われている。プログラムの内容は国民教育省の地区教育視学官から指導を受ける。教育随伴支援に従事する教員には，1時間あたり15ユーロから20ユーロの手当がつく。

R小学校では，9つのアソシエーションがアトリエ・ブルーを運営している。パリ市はあらかじめアソシエーションに対し，スポーツや文化にかかわる学校周辺活動の募集をかけ，そのなかから活動を選択する。各活動の定員は12名であり，子どもは参加する活動を1つだけしか選ぶことができないようになっている（表3-5）。

学習随伴支援のALEMと後押しクラブは，双方ともに16時30分〜18時の間

表3-4　R小学校学校周辺活動の一部

実施している活動	指導者	人数	時間	対象生徒
教育随伴支援（accompagnement éducatif）	教員			
個別支援（aide personnalisée）	担任／担任以外の教員	6名以下	週最大2時間	軽度の学習困難
レベルアップ研修（stage remise à niveau）	初等教育教員ボランティア	6名以下	春休み，夏休み 5日×3時間	小学校4, 5年生
アトリエ・ブルー（atelier bleu）	パリ市アニマトゥール	-	週4回 16：30から	小学校全生徒
監督付学習（étude surveillée）		-		
読書・表現・算数アトリエ（ALEM）	教員／付添人／生徒指導補助員（教育省，市，アソシエーションの連携）	8名以下	週4回 16：30〜18：00 フランス語2回 算数2回	小学校5年生／希望者
後押しクラブ（club coup de pouce）		5名以下	週4回 16：30〜18：00 読書	小学校1年生／読書が苦手な児童

出典：小林純子　2012　フランスの初等教育段階における放課後活動支援——教育随伴支援施策の導入　国立教育政策研究所紀要　表6（印刷中）

表3-5　R小学校のアトリエ・ブルー

	アトリエ	時間	対象クラス
月曜日	卓球	12：00〜13：00	CP, CE1, CE2, CM1, CM2, CLIS
	ヒップホップダンス		
火曜日	卓球	16：30〜18：00	CE2, CM1, CM2
	ボクシング		CP, CE1, CE2, CM1, CM2, CLIS
	世界旅行		CP, CE1, CLIS
木曜日	ブラジリアン・パーカッション		CE2, CM1, CM2, CLIS
	都市と緑		CP, CE1, CLIS
	マルチスポーツ		CP, CE1, CLIS
金曜日	マルチスポーツ		CE2, CM1, CM2, CLIS

CP＝小学校1年生，CE1＝小学校2年生，CE2＝小学校3年生，CM1＝小学校4年生，CM2＝小学校5年生，CLIS＝学校インクルージョンクラス

出典：小林純子　2012　フランスの初等教育段階における放課後活動支援——教育随伴支援施策の導入　国立教育政策研究所紀要　表5（印刷中）

第3章 フランスの学校を場とする放課後活動　75

表3-6　学習随伴支援

	後押しクラブ	ALEM
［展開］ おやつの時間 ↓ 宿題支援 ↓ アニマシオン （余暇活動，作文や読書の遊戯的活動）	15～25分 15分 30～40分	15～25分 25分 30～40分
対象	小学校1年生	小学校5年生
パリにおけるデータ	243クラブ	62アトリエ
アニマトゥールの養成	アソシエーション	パリ大学区
1グループあたり定員	5	8
実施時間数	1時間30分×4日	1時間30分×2日 （+1時間30分×2日） フランス語アトリエと算数アトリエを分けている

出典：小林純子　フランスの初等教育段階における放課後活動支援——教育随伴支援施策の導入　国立教育政策研究所紀要　表4（印刷中）

に行われている（表3-6）。両活動ともに，時間を3段階に分割し，初めの15～25分に児童が間食する時間をもうけ，15～25分で宿題を支援し，残りの時間をアニマシオン活動に当てる。

c　余暇センター

　余暇センターはパリ市内に360あり，活動の場としてのセンターに加え，保育学校や小学校に，計631カ所の受付窓口が存在する。

　パリ市の「余暇センター規則」には，センターは施設として運動場，校庭，食堂，保育学校の休憩教室，多目的教室，図書室，トイレ，洗面所，教員室，情報教室，アニマシオン職員のためのクローク，収納場所などを備えることが明記されている。このため，都市空間が限られているパリなどでは，余暇センターは，小学校や保育学校を活動の場としていることが多い[26]。

　朝の受付時間は8時20分～9時までで，小学生の場合は18時まで，保育学校の子どもの場合は18時30分までセンターに残ることができる。たとえ

ば，パリ市内のC余暇センターでは，8時20分〜9時までを子どもの受け入れ時間とし，9時〜9時15分までを活動や外出に応じた確認と割り当てにあて，11時45分までを活動にあてる（表3-7）。12時から昼食となり，13時〜14時までは休息の時間，14時から活動を再開し，16時30分〜17時までをおやつの時間とし，18時までは自由な遊び，集団での遊びにあてられる。

この余暇センターでは，子どもが記憶力，計算能力，合理的な思考を鍛えたり，観察能力を伸ばしたり，表現力を発達させたりすることを目的として，す

表3-7　C余暇センターの1日

時間	内容
8：20〜9：00	子どもの受入／受入個所に応じた子どもの配分
9：00〜9：15	活動，外出の確認と割り当て／外出グループの準備
9：15〜11：45	センター内での活動ないしパリ市内での諸活動
11：45〜12：00	食事前の休憩／トイレの時間
12：00〜13：00	食事
13：00〜14：00	平穏な活動／休憩
14：00〜16：30	活動ないし外出
16：30〜17：00	おやつ／センターの再準備
17：00〜18：00	1日の総括／自由な遊びないし集団での遊び
18：00〜18：30	子どもの帰宅

出典：C余暇センター提供資料　2010-2012年C余暇センター教育活動計画

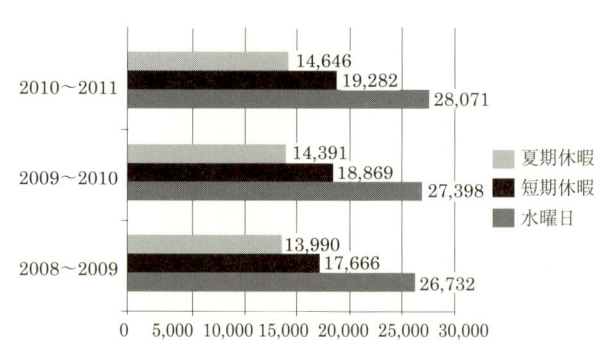

図3-5　余暇センター利用者数の推移

年度	夏期休暇	短期休暇	水曜日
2010〜2011	14,646	19,282	28,071
2009〜2010	14,391	18,869	27,398
2008〜2009	13,990	17,666	26,732

パリ市学校教育課提供資料より作成

ごろくなどのゲーム類を用意している[27]。

パリ市内の M 余暇センター訪問時には，子どもたちは何名かのグループに分かれて演劇指導を受けたり，ぬりえをしたり，校庭での遊びに興じたりしていた。

パリ市学校教育課によれば，余暇センターの平均利用者数は増加傾向にあり，利用日としては学校のない水曜日がもっとも多い（図3-5）。

4 フランスの取り組みの特徴と課題

a フランスの特徴

フランスの小学校での放課後活動の特徴は，第一に子どもの預かり保育の観点から市町村による放課後活動が充実して組織化されていること，第二に学業失敗に陥る成績下位層に対し，放課後の時間を活用して学力保障が試みられていることである[28]。

第一の市町村による余暇センターなどの施設型放課後活動が充実している理由は，フランスの余暇政策が基本にあるが，同時に女性の社会進出が需要の後押しをしていることも要因である。

フランスでは，第二次世界大戦での労働力不足から女性が働く状況がもたらされ，その後1968年の五月革命以降，既成の性役割観などの価値観が転換する社会変化を経て，女性の社会進出が進んだ。現在，25歳以上49歳以下の女性で仕事をもっている者は81.9％であり[29]，ほとんどの女性が働いているといっても過言ではない。そのため，子どもがいる女性は，預かり保育の理由から，学校がない水曜日には，日本の学童保育に類する余暇センターや，長期休暇には宿泊施設をともなったバカンスセンターと呼ばれる施設を活用する者が多い。

第二の学業失敗に対する学力保障としての放課後時間の活用の背景としては，移民などを含む社会階層の複雑さと関連し，社会的に学力格差を是正する取り組みが求められていることによる。フランスでは，社会階層と学歴との相関が高く，階層是正や社会の不平等は，教育の機会均等により克服されるという考え方が根底にある。このことが大学までの授業料無償や優先教育地域に予算を

投入する理由となっている。

　しかし、このような学力保障のための政策介入にもかかわらず、その成果は必ずしも上がっているとはいえない。2003 年に実施されたものと同一問題を使用して 2009 年に行われた中学校 3 年生対象の国内学力調査では、2003 年と比べて同年代の学力が総体的に低下しており、その結果を非移民と移民世代別にみると、移民の子どもの学力は低く、とりわけ第一世代移民の子どもの学力がもっとも低い結果であった。また、第一世代移民の学力平均点は、2003 年と比べ 2009 年では 17 点も下がっており、学力のもっとも困難なグループに属する者は、第一世代移民の子どもの 16.5％を占めていた（表 3-8）[30]。この第一世代の移民のほぼ半数は、アルジェリアやモロッコなどの旧植民地出身者であり[31]、経済的状況により、優先教育地域に居住する者が多い。そのためこのような移民の子どもの低い学力結果は、表 3-9 の優先教育地域学校の

表 3-8　非移民と移民世代別 2003 年と 2009 年の中学修了時点の学力

	学力平均点			もっとも困難なグループ (%)			もっとも優秀なグループ (%)		
	2003	2009	点数差	2003	2009	ポイント差	2003	2009	ポイント差
非移民	254	248	－ 6	1.4	3.1	1.7	11.0	7.5	－ 3.5
第一世代移民	228	211	－ 17	7.1	16.5	9.4	5.5	4.3	－ 1.2
第二世代移民	229	227	－ 2	3.9	6.5	2.6	4.5	4.2	－ 0.3
全体（平均）	250	245	－ 5	2.1	4.0	1.9	10.0	7.1	－ 2.9

表 3-9　学校種類別 2003 年と 2009 年の中学修了時点の学力

	割合 (%)		学力平均点			もっとも困難なグループ(%)			もっとも優秀なグループ(%)		
	2003	2009	2003	2009	点数差	2003	2009	ポイント差	2003	2009	ポイント差
公立中学校*	64.8	64.0	250	245	－ 5	2.1	3.8	1.7	9.9	7.1	－ 2.8
私立中学校	20.7	21.5	262	258	－ 4	1.1	1.5	0.4	13.1	9.3	－ 3.8
優先教育地域学校	14.5	14.5	235	223	－ 12	3.9	8.7	4.8	5.9	3.5	－ 2.4
全体	100.0	100.0	250	245	－ 5	2.1	4.0	1.9	10.0	7.1	－ 2.9

＊優先教育地域学校を除く

Ginette Bourny, et.al. 2010. p.5. を抜粋し筆者が加筆[32]

学力結果と一部重なるところがある。

　同じく学校の種類別に学力調査結果をみると，優先教育地域学校の学力の平均点は2003年と比べて2009年には12点下がっており，もっとも困難なグループの割合は4.8ポイント増えている（表3-9）。つまり，国として優先教育地域の重点化政策を行っているにもかかわらず，学力は低下の傾向にあり，政策の効果は直ちに現れているとはいえないようである。この背景には，2007年以降学区制緩和に向けた政策によって保護者が学校を一定の範囲で選択できるようになったなかで，保護者には，教育困難校の象徴である優先教育地域の学校を避けようとする心理が働き，ゲットー化[33]していることも遠因かもしれない。このようなフランスの放課後活動の特徴は，移民問題などをかかえるフランス社会の実相の表出ともいえる。

b　知識経済における国家の学力保障

　最後に，放課後活動支援に国家がかかわり，学力保障を行うということへの国際的な文脈をみてみたい。

　欧州連合（EU）が2000年に策定した10年間の社会経済計画のリスボン戦略（Lisbon strategy）[34]のキーワードは知識経済という言葉であった。高い失業率に悩むヨーロッパ諸国にあっては，質の高い労働力による雇用の維持と確保はつねに喫緊の課題であった。とくに知識経済においては，知識が生産の目的であり，かつ手段になるため，とりわけ雇用に結びつく教育や訓練が重要視され，教育・研究水準の引き上げ，初等中等教育での中退者の縮減と資格や技能をもたない非熟練者の訓練が政策課題となる。リスボン戦略は，欧州全体での雇用の維持・確保のために，教育や訓練に対するさらなる予算の投入が必要であるという欧州内の合意をもたらすものでもあった。

　2007年に発表された，リスボン戦略年次進捗報告書（国別改革プログラムの進捗評価）[35]で，フランスは「初等教育の改革」の一環として，中退や留年を減少させるため，基礎的リテラシーや数的スキルを重要視した新しい学習指導要領の導入や，1週間の授業時数の26時間から24時間への削減と抱き合わせで，学習困難な児童を個別に支援する2時間の補習時間の導入をあげ，その政策効果を小学校2学年と最終学年5学年で評価するとしている。また，「機

会均等と成功する学校教育のための制度」として，これまで述べてきた教育支援活動（教育随伴支援）について，すべての生徒に成功のチャンスを増やすため，2時間の宿題支援，4日にわたるスポーツ，文化と芸術活動を，全公立中学校と優先教育地域の小学校で行っていることをあげている。このことからも，教育支援活動としての放課後活動支援が，リスボン戦略と同じ路線に立つものであることがわかる。

　現在，グローバリゼーションと情報技術の進展を背景にし，知識経済による経済成長，競争力の強化，そして雇用創出を旗印にした経済的思潮は，フランスやヨーロッパのみならず先進諸国全体を席巻している。そこではグローバリゼーションのなかで国家的優位性を勝ちとるために教育や訓練を通じて知識，学習，情報や専門能力といった人的資本の生産性や質を上げ，人々に高熟練で高賃金の仕事を求めて競争させることが必要であると唱道されている。しかし，このような知識をめぐっての競争にあっては，人的資源の富が所得と機会の不平等をもたらす。高熟練者が高賃金となる一方で，未熟練者は失業，あるいは低賃金となり，その格差は拡大していく。そのため，社会経済的に下層に置かれている人々への機会均等の保障や社会的不平等の縮減を目的とする，全体的な教育の質の向上に向けた国家戦略がとられるのである[36]。フランスが放課後の時間を活用して，優先教育地域の子どもの学力保障を試みる背景には，知識経済と呼ばれる現代の経済効率を求める社会での雇用確保と社会的不平等是正といった社会正義の理由がうかがえる。

　現在のフランスの小学校の放課後活動は，従来行われてきた市町村による余暇活動と余暇活動の一部としての学習支援から，放課後の時間を活用しての恵まれない層への学習保障，そして2007年以降，国民教育省の施策である，すべての中学校と小学校の一部に学力向上をめざした学習支援を行う放課後活動施策が加わった形態となっている。

　フランスの放課後活動の特徴は，このように，「学校周辺時間」と呼ばれる子どもたちの放課後の時間に，市町村主導のものと国民教育省主導の活動が入り組んで行われていること，そして，「学習周辺時間」の活動としては，近年，国の積極的な介入があり，不平等是正の試みとして学習保障的な活動が重視されてきていることにあるといえよう。

注

1) Circulation no 98-144 et 98-119 JS du 9 juillet 1998.
2) ジュヌヴィエーヴ・プジョル，ジャン＝マリー・ミニヨン　2007　岩橋恵子（監訳）アニマトゥール——フランスの社会教育・生涯学習の担い手たち　明石書店　p.18．
3) INSEE, Enquêtes Emploi
4) 岩橋恵子　2010　フランスにおける学校支援と青少年の地域公共空間——フランスにおける社会的排除のメカニズムと学校教育の再構築に関する総合的研究　文部科学省科研費補助金研究成果報告書　pp.134-137．
5) フランソワ・ウヴラール　2012　学区制に関する研究と論争　園山大祐（編著）　学校選択のパラドックス　勁草書房　pp.191-194．
6) 大学区（アカデミー）はフランスに 30 存在し，複数の県と市町村から成り立っている。たとえば，ボルドー大学区は，ドルドーニュ県，ジロンド県，ランド県，ロ・エ・ガロンヌ県，ピレネー・アトランティック県から構成されており，さらに各県が複数のコミューンを包含している。教育省による放課後活動支援の契機について，
小林純子　2012　フランスの初等教育段階における放課後活動支援——教育随伴支援施策の導入　国立教育政策研究所紀要（印刷中）
7) 第 2，第 3 節は，科学研究費補助金（代表：金藤ふゆ子　初等教育段階の児童を対象とする放課後活動支援のあり方に関する国際比較研究　基盤研究 B）によるフランス調査において 2011 年 3 月 7 日～ 3 月 9 日に行った国民教育省，パリ市学校教育課，市内 R 小学校，余暇センターの訪問とヒアリングにもとづいている。
8) Constitution du 4 octobre 1958. Art.72. コミューンは，日本の市町村にあたるが，市，町，村の区別はない。ここでは便宜的に比較的人口の多い都市を「市」と訳している。
9) 司法行政情報局（Direction de l'information légale et administrative）ポータルサイト　vie-publique.fr（http://www.vie-publique.fr/decouverte-institutions/institutions/approfondissements/paris-collectivite-territoriale-specifique.html）〔2012 年 4 月 29 日アクセス〕
10) 国立統計経済研究所 2008 年国勢調査のデータ
（http://www.recensement.insee.fr/chiffresCles.action?codeMessage=5&plusieursReponses=true&zoneSearchField=75&codeZone=75-DEP&idTheme=3&rechercher=Rechercher）〔2012 年 4 月 29 日アクセス〕
11) 1 年に個人が受け取った給与の総額。社会保険料を含まない。
12) 国民教育省によれば，2010 ～ 2011 年度の私立学校数は 8,970 校で，全小学校に占める私立小学校の割合は 9.9％，全中・高等学校に占める私立中・高等学校の割合は，31.9％であった。また，2010 ～ 2011 年度，初等教育段階では生徒の 13.4％が，中等教育段階では生徒の 21.3％が，私立学校に就学している。このうち，中等教育段階で私立校に就学している生徒の 97.3％は，契約私立に就学している。
国民教育省ウェブページ（http://www.education.gouv.fr/cid251/les-etablissements-d-enseignement-prives.html）〔2012 年 5 月 1 日アクセス〕
13) *Guide de l'accompagnement éducatif dans l'académie de Paris.*
14) コンセルヴァトワールとは，学校や美術館などの形態をとる，さまざまな文化的機関をさす。国立の施設と地方自治体の運営する施設があり，パリ市のコンセルヴァトワールは主に音楽，舞踏，演劇の教育を担っている。共通基礎（socle commun）とは，フランス国民教育省によれば，義務教育修了時に習得しておくべき「知識と技能の共通基礎」のことで，2005 年から導入されている。
15) パリ大学区ウェブページ

(http://www.ac-paris.fr/portail/jcms/p1_251844/accompagnement-educatif?cid=p1_147956)〔2012年3月31日アクセス〕
16) 同上。数字はウェブページ記載のまま。2010年のデータではパリの中学校は176校。*L'académie de Paris en Chiffres 2011-2012*. p.7.
パリ大学区ウェブページ（http://www.ac-paris.fr/portail/jcms/j_6/accueil）〔2012年4月1日アクセス〕よりダウンロード。
17) 優先教育対象校には，「学業成功ネットワーク（RRS）」に含まれる学校と，より重点的な予算と人員の配分が行われる「成功希望ネットワーク（RAR）」に含まれる学校がある。2010年パリには小学校が452校あり，そのうち優先教育対象校は115校であった。これら優先教育対象校のうち17校がRARであった。なお2011年の新学期（9月）より，RARにかわって「野心，革新，成功のための小学校，中学校，高等学校（ECLAIR）」の枠組みが創設され，RRSとあわせて優先教育政策の二本柱となっている。
小林純子　2012　フランスの初等教育段階における放課後活動支援——教育随伴支援施策の導入　国立教育政策研究所紀要（印刷中）
18) パリ大学区ウェブページ
（http://www.ac-paris.fr/portail/jcms/p1_251844/accompagnement-educatif?cid=p1_147956）
19) 2010年のデータでは，パリの小学校就学児童数は105,565名，中学校就学生徒数は84,864名となっている。*L'académie de Paris en chiffres 2011-2012*. p.4, p.8.
20) パリ市学校教育課／パリ大学区優先教育ミッション資料「ALEM 2010-2011」
21) パリ大学区ウェブページ（http://www.ac-paris.fr/portail/jcms/p1_403354/coup-de-pouce-alem-et-afm6）〔2012年5月1日アクセス〕
22) パリ市『放課後』パンフレット *Après l'école*
23) 小林純子　2012　フランスの初等教育段階における放課後活動支援——教育随伴支援施策の導入　国立教育政策研究所紀要（印刷中）
24) 余暇センターとは，学校のない水曜日や長期休暇中に子どもを受け入れる施設で，さまざまな文化活動やスポーツを提供する。パリでは今でも余暇センターの名称を使用しているが，全国的には，近年「教育的性格をもつ未成年者の集団的受入（accueil collectif de mineurs à caractère éducatif）」の枠組みのなかに再編されている。
国立統計経済研究所ウェブページ（http://www.insee.fr/fr/methodes/default.asp?page=definitions/accueils-collectifs-mineurs.htm）〔2012年3月13日アクセス〕
25) パリのアニマシオン職員についての情報は，パリ市提供資料の情報にもとづいている。
26) « Règlement de service des centres de loisirs sans hébergement de la ville de Paris »
27) C余暇センター提供資料「2010-2012年C余暇センター教育活動計画」
28) 小林純子　2012　フランスの初等教育段階における放課後活動支援——教育随伴支援施策の導入　国立教育政策研究所紀要141号（印刷中）
29) INSEE, Population en emploi et taux d'emploi selon le sexe et l'âge en 2010.
30) 学力は，段階的能力指標により学力のもっとも困難なグループからもっとも優秀なグループまで6グループに分けられている。
31) 2008年の数字では，アフリカ諸国出身者が移民全体に占める割合は42.5%（EU諸国平均33.9%），アジアが14.2%となっている。国別では，アルジェリアが13.4%，モロッコが12.2%，ポルトガルが10.9%の順に多い（INSEE, Recensement 2008 exploitation principale. の数字による）。
32) Ginette Bourny, Pascal Bessonneau, Jeanne-Marie Daussin, Saskia Keskpaik. 2010. "L'Évolution des Compétences Générales des Élèves en fin de Collège de 2003

à 2009". Note d'Information, DEPP, no.10.22.
33) 園山大祐　2012　戦後教育の「民主化」と「隔離化」　園山大祐（編著）　学校選択のパラドックス　勁草書房　p.16.
34) NEDO 海外レポート　成長と雇用のためのリスボン戦略──3年間の成果と今後の取り組み　No.1018, 2008.3.5.
35) "France National Reform Programme, 2008-2010"（Lisbon Strategy for Growth and Jobs）, October 2008, p.31.
36) P. ブラウン，H.・ローダー　2005　教育・グローバリゼーション・経済発展　A.H. ハルゼー・H. ローダー，P. ブラウン・A.S. ウェルズ（編）　住田正樹・秋永雄一・吉本圭一（編訳）　教育社会学──第三のソリューション　九州大学出版会　pp.225-229.

第4章
韓国の放課後学校の実践からみた放課後活動

1 韓国における放課後改革の経緯と現状

a 放課後教育活動から放課後学校へ

　今，韓国の放課後活動は「放課後学校」と呼ばれる。政策レベルで導入されたのは2006年からである。政府レベルで公式用語と使用されたのは2004年である。ここまでたどるにはほぼ10年間を要している。

　それ以前は「放課後教育活動」といわれていた。1995年の第一次教育改革の法案報告書のなかで次のように述べられている。「個人の多様性が発揮できる教育的な機会を提供することで，生徒たちの人生および創意を高める目的のプログラム」の提供である。具体的には翌年に，「放課後教育活動活性化法案」というかたちになり，各学校で実施され始める。

　1999年，「放課後教育活動」の名称を「特技適性教育」に変更する。それは，生徒たちの「素質および適性の開発，そして趣味，特技をのばすチャンスの提供，サークル中心の文化を創る目的」というように活動がより具体的で，広範囲にわたるようになってきた。

　放課後学校は2006年の改正教育基本法で導入されたが，2008年の「学校自律化」法案によって，事業は国から地方に移譲される。現在は各市，道，教育庁別の指針のもと，学校単位で運営委員会を設置し，学校長が中心となって運営をしている。

　なぜ，韓国はこの10年間放課後改革を実施したのであろうか。

第4章　韓国の放課後学校の実践からみた放課後活動　　85

　韓国は，いうまでもなく学歴社会である。日本の大学入試センター試験にあたる大学修学能力試験の当日，各高等学校で出陣式が行われる。そして，交通渋滞で受験者が遅刻しそうになると，パトカーが誘導する光景がテレビや新聞で報道される。
　したがって，過熱化した大学入試の影響は当然，子どもたちの放課後にも影を落とす。韓国の子どもの放課後は，大学受験につながる私教育（日本の塾に当たる）の教科学習一色になっている。日本でいうお稽古もあるが，それも大学入試に有利になる芸術やスポーツが大半を占める。
　こうした状況を放置すると，韓国社会の階層化は深刻になる。政府としては手をこまねいておれない。そこで放課後の教育活動の見直しが始まる。その経緯はこれまで述べてきたとおりである。
　韓国の放課後改革のミッションは「私教育費の軽減」である。大学入試が激化すると，ますます教育格差が進む危険性がある。所得の格差が教育格差を生み，社会階層の固定化が始まる。富める者とそうでない者の二極化を避けるために学校の機能の見直しが進む。韓国の放課後学校はその切り札の1つとして導入されている。

b　放課後学校のねらいは何か──ねらいは4つある

(1)　私教育費の減少をめざす
　あるデータによれば韓国で放課後，塾（学院）に通っている小学生は69.0％と7割に近い。そして所得が高い家庭の子どもほど塾に通っている。たとえば，年収が99万ウオン以下の子どもの通塾は40.4％であるのに対して，500万ウオン以上では80.0％と約2倍に達する[1]。
　これでは教育格差は広がる一方である。そこで，学校のなかで放課後プログラムを提供することで格差の是正を図る。学校が放課後，質が高くて多様なプログラムの運営をする。学校外の私教育を学校のなかに取り込むのである。
　これが日本の放課後施策ともっとも異なる側面である。

(2)　学校教育の補習──特技適性教育が中心
　学校教育は一斉指導が多く，ややもすれば画一化になりやすい。そこで，従来の学校教育では育てられない子どもの興味関心を大切にした特技を開発させ

るために多様で創造的なプログラムを提供する。補習という訳語であるが，韓国では遅れたことを補うというより，新たな才能を見出すという意味合いが強い。

(3) 教育福祉の実現――福祉教育より教育福祉に力点

韓国では都市部と郡部での教育格差が大きい。また，都市部でも高所得者と低所得者の教育格差が大きい。それらを是正するために放課後学校を設置する。郡部においては都市部で行われている多様なプログラムを提供する。都市部の低所得階層には活動プログラム以外におやつなども提供する。

(4) 地域社会と連携した学校の地域社会化をめざす

日本の学校開放の1つと考えると理解しやすい。学校が施設と環境を提供する。地域の人が，「放課後学校」に必要なヒト・モノを支援する。学習からスポーツ，お稽古に至るまで地域の人がプログラムを考えて用意する。これは日本では1971（昭和46）年の答申から行われてきた学社連携に近いものである。

c 全国的な参加人数と満足度はどのくらいか

2010年現在の統計によれば，学校の参加率は99.9%。参加児童数は4,573,000名で参加率は63.3%と6割を超える。54.3%（2008年）→ 57.6%（2009年）→ 63.3%（2010年）とほぼ年平均5%増加している。

たとえば，小学校46.9%（2008年）→ 48.1%（2009年）→ 54.0%（2010年）。中学校45.5%（2008年）→ 51.9%（2009年）→ 60.1%（2010年）。高校78.2%（2008年）→ 80.3%（2009年）→ 82.3%（2010年）（図4-1）。

参加者の満足度をみると，2009年は多少減るものの2010年には保護者で70.7%，子どもたちで68.7%に達する。7割近い人が放課後学校の活動に満足している姿が浮かんでくる。

d 放課後学校のスタッフは誰が担うか

放課後活動事業を行うとき，それを誰が担うかが大きな課題となる。日本の中学校の部活動のように教師が教育の延長として行うのか，それとも民間のNPOやボランティアに委ねるのか。そしてそれは常勤かそれとも非常勤か。

講師の参加状況は表4-1のとおりである。

第 4 章　韓国の放課後学校の実践からみた放課後活動　　87

学校全体の 99.9％から学生全体の 63.3％が参加
（年平均 5％増加）

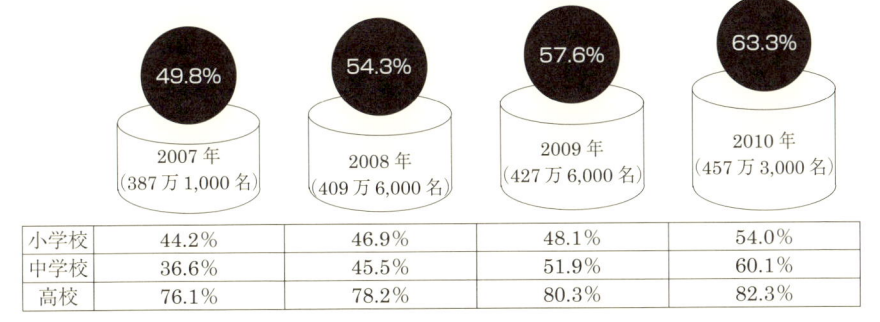

	2007年(387万1,000名)	2008年(409万6,000名)	2009年(427万6,000名)	2010年(457万3,000名)
	49.8%	54.3%	57.6%	63.3%
小学校	44.2%	46.9%	48.1%	54.0%
中学校	36.6%	45.5%	51.9%	60.1%
高校	76.1%	78.2%	80.3%	82.3%

図 4-1　放課後学校の参加状況

表 4-1　講師の参加状況

区分	2008年			2009年			2010年		
	現職教師	外部講師	計	現職教師	外部講師	計	現職教師	外部講師	計
教科	93,829(92.3%)	7,810(7.7%)	101,639	121,794(90.2%)	13,177(9.8%)	134,971	154,309(87.8%)	21,423(12.2%)	175,732
特技適性	29,507(33.7%)	58,034(66.3%)	87,541	27,453(32.6%)	56,733(67.4%)	84,186	30,522(30.8%)	68,588(29.2%)	99,110
ケア	1,663(30.0%)	3,868(70.0%)	5,531	1,829(26.8%)	5,008(53.2%)	6,837	3,785(32.7%)	7,770(67.3%)	11,555
計	124,999(64.2%)	69,712(35.8%)	194,711	151,076(66.8%)	74,918(33.2%)	225,994	188,616(65.9%)	97,781(34.1%)	286,397

＊その他参加数（2010 年）：保護者コーディネーター 4,800 名

　放課後学校の活動は次の 3 つに区分される。
①教科領域
　現職教師がほぼ 9 割近く担当する。外部講師は多くて 2010 年の 12.2％にとどまる。
②特技適性
　これは現職教員が減り，外部講師が増える。外部講師は 7 割近くに達する。

③ケアー

ここでも現職教員が減り，外部講師が増える。2010年には67.3％に達する。

これら3つの領域での講座数はどうなっているのだろうか。全体の講座数は494,965講座で50万講座に達している。2009年対比では32％増加している。ちなみに，2006年の講座数は141,198講座であり，年々増加している。

そして，講座の領域ではやはり「教科」が68.5％，「特技適性」が31.5％を占める。

韓国では放課後学校のスタッフは教員が大半を占める。188,616名。民間委託や個人講師などの外部講師は97,781名である。現職の占める割合は65.9％である。その他，外国人講師が約7,500名，放課後学校コーディネーターが約4,800名となっている。

スタッフの研修は外部講師を対象にして行われている。内容は教授方法や生徒指導方法などの基本的なことが中心となる。と同時に，放課後学校コーディネーター研修も行われている。

e 財政的支援はどのくらいか

これらの事業を行うためにどれぐらいの予算を投入しているのだろうか。2011年度では総額4,681億ウオン。内訳は「地方教育普通交付金」1,945億ウオン，「農山村放課後支援」515億ウオン，「放課後学校自由受講権支援」1,766億ウオン，「地方教育財政特別交付金」（ママ終日ケアー教室，放課後学校支援センター，保護者コーディネーター，地域連合放課後学校運用等）255億ウオンである。

具体的には「初等ケアー」が1,945億ウオン，「放課後学校自由受講権」1,766億ウオン，「農山村放課後学校」515億ウオン，「成果分析国立学校支援」8億ウオン，「その他」447億ウオンとなっている。（表4-2）

f 放課後学校がかかえる問題点

(1) 制度的な面

地域社会機関と地域の団体との連携がうまくとれていない。だから，地域の人材活用がうまく機能していない。地域社会の支援力が効率よく集約できていない。

表 4-2　予算支援状況

区分	2008 年	2009 年	2010 年	2011 年	備考
初等ケアー	483	874	1,245	1,945	普通交付金（基準需要額）
放課後学校自由受講権	978	1,063	1,109	1,766	
農山村放課後支援	528	382	421	515	
成果分析国立学校支援	8	8	406	8	一般会計
その他	149	195	182	447	特別交付金
計	2,155	2,522	3,363	4,681	

(単位：億ウォン)

(2) 財政的な面

地域差が歴然とある。放課後学校に対する興味関心と財政的な支援によって学校運営に地域格差が生まれている。首長は地域の動向に敏感である。どこに教育予算を投入するか，市民の支持を無視できない。日本でも同じことが生じている。

(3) プログラムの面

活動プログラムに魅力があれば子どもと保護者は参加費用が高くても参加する。公立の放課後学校は料金は私教育に比べて安いが，プログラムの魅力からいうと評価が低い。たとえば，特技適性教育において比較すると見劣りがするようだ。

(4) 担当教員の面

放課後学校は教員がかなり担っている。本職以外のプログラム編成や受講料の徴収，それから外部講師への連絡等の負担が増えている。そのため，教師が放課後の業務を避ける嫌いがある。今一歩，打ち込めないでいる。

g　今後の放課後学校の方向性・展望

放課後学校の課題は多い。そのなかでも，今課題となっているのは現職教員の過重負担と活動プログラムの魅力のなさである。そのために，国としては次のような方向性を示している。

(1) 放課後学校の講師の発掘

講師を発掘し育成する。と同時に発掘して活用できる支援システムづくりを

構築する。外部講師の質の管理にエネルギーを注ぐ。

(2) 活動プログラムの多様化

私教育の活動プログラムに負けない多様なプログラムを用意しなければならない。そのために、民間機関を使ってプログラムの専門性という質を高めねばならない。

(3) 放課後学校のオンライン化

放課後学校は単位学校に委託している。そのために、単位学校の行政業務の負担が大きい。そこで、市レベルで募集、出席・欠席、集金、生徒の登録、講師の登録等の行政的な業務をネット上でオンライン管理システムを導入し、業務の負担を軽減させる。

(4) 低所得層の子どもへの支援

低所得層の教育機会を増やすために、彼らが自由に放課後学校を受講できるように財政的な支援をする。2006年から放課後バウチャー制度を導入する。2007年から全国展開される。財政的には2010年は39万名で1,410億ウォンであったのが、2011年には49万人になり、1,746億ウォンとなっている。

(5) 「ママ終日ケアー教室」の設置

2011年から1000学校および幼稚園を対象に「ママ終日ケアー教室」(6：30～23：00) サービスを実施している。共稼ぎの親に対する行政サービスである。これからは自治団体と協力して、需要のある幼稚園・小学校に拡大していく予定である。

対象は低所得者および共稼ぎの家庭の児童で、朝食と夕食を提供する。活動は宿題をみたり、予習・復習をさせたり、遊びというようにトータルに子どもの放課後世界の世話をする。

(6) 支援センターの設置

放課後学校は学校だけに任せておけない。地域社会の機関と民間団体の協力が必要になる。そのために、学校と地域を結ぶ放課後学校支援センターの設置を考えている。具体的には「放課後学校振興院」または公益財団に転換する。

2 ソウル市内の2つの実践例

a ソウル永東初等学校の事例

(1) どんな学校か

　この小学校はソウル市内の比較的安定した伝統校である。外国の参観者がよく訪れる学校でもある。私たちが訪問したとき，日本語の歓迎横断幕を用意してくれていた。また，PTA会長自らが出迎え，接遇をしてもらった。校門にスクールポリスが派遣されている。安全安心に配慮している。

・児童数……534名
・教員数……52名

　保護者たちはどの階層の人が多いか。母子家庭比率は5％にとどまる。低所得家庭比率も3％にとどまる。これらの数値が示すように，安定した家庭と地域に囲まれた小学校とみてよい。共稼ぎ率は64％と半数を超える。民間の塾の利用率は73％と3人に2人が通っている。

　1人あたりの月額私教育費は257,000ウォンである。2010年の政府の統計数値は242,000ウォンであるから，比較的経済的に余裕のある家庭が多いようだ。

(2) 学校経営目標は何か

　経営の特徴は次の3つである。

・教育課程と連携する集中プログラムを用意する。
・芸術と体育教育に力点を置いている。
・人格と感性と才能をもつグローバルな人材の育成をめざす。

　教育課程と連携する集中プログラムは次のようになっている（表4-3）。

　たとえば，サッカー，ピアノ，バイオリンは全校児童を対象にしている。バレーは低学年で，高学年になると現代舞踊に力を入れる。ピアノはバイエルとチェルニ100指導を行っている。書道は美術に位置づけられるが，高学年を対象に行われている。「芸術」に力を入れていることがわかる。

　これは1人1スポーツ活動プログラムである（表4-4）。サッカー，T-ボール，

表 4-3　教育課程と連携する集中プログラム

区分	教育課程	学年	人員	指導内容
サッカー	体育，才能，特講	全学年	534 名	サッカーの技術と練習
バレー	体育	1～3 年生	127 名	舞踊の基本姿勢矯正
現代舞踊	体育，才能，特講	4～6 年生	150 名	舞踊の基本感性教育
テニス	体育	4～6 年生	270 名	テニスの基礎およびテクニック
ピアノ	才能，特講，創作	全学年	534 名	バイエルおよびチェルニ 100 指導
ヴァイオリン	才能，特講，創作	全学年	534 名	ヴァイオリンの基礎
書道	美術	4～6 年生	270 名	書道の基本姿勢
補充授業	放課後	全学年	53 名	5 感発掘，学力伸ばし

表 4-4　1 人 1 スポーツ活動プログラム

講座名	時間	対象	場所
サッカークラブ	9:00～12:00（2, 4 週土曜日）	班別リーグ戦	運動場
T-ボール	15:00～16:00（水曜日）	希望者（4～6 年生）	運動場
ラインダンス	15:00～16:00（木曜日）	希望者（4～6 年生）	講堂
スポーツダンス	9:00～12:00（2, 4 週土曜日）	希望者（4～6 年生）	講堂

ラインダンス，スポーツダンスと 4 種目に分かれている。ウィークデーと週末に分かれているが，4～6 年生という高学年を対象にしている。

(3) 放課後学校では何を行っているか

放課後学校は次の 3 つの領域がある（表 4-5）。

①補充クラス

②特技適性放課後学校

③保育プログラム放課後教室（ケアー教育）

表からわかるようにまず「領域」があり，「区分」がきて，「分類項目」となっている。

補充クラスは低学力の補充というより，「学力伸長クラス」にみられるようにハイタレントを伸ばすことに重きを置いている。また，幅広い趣味や感覚を身につけさせることにも関心をもつ。

特技適性放課後学校は分類項目をみればわかるように多種多様である。これ

表4-5 放課後学校の領域

①補充クラス

領域	区分	分類項目
教科	文学的感覚指導	読書,読書討論教室
	歴史的感覚指導	伝統模様,歴史文化財探訪,わが歴史正しく認識
	学力伸長	学力伸長クラス
芸体育	美的感覚指導	漆活動,マンガ描き,折り紙工芸,折り紙
	音楽的感覚指導	童謡歌い,歌を通じた英語教育,ダンソ(伝統楽器)
	人間的感覚指導	走り,なわとび,進路探求,数学遊び,健康教室,料理

②特技適性放課後学校

領域	区分	分類項目
教科	レーベル別教科	数学,英語,数学英才
	教科関連	そろばん式暗算,韓国史,ロボット工学,読書論述,コンピューター,漢字塾
芸体育	身体活動	ゴルフ,ニュースポーツ,バレー,乗馬,音楽なわとび,サッカー,テニス
	芸能活動	馬術,美術,ヴァイオリン,クラリネット,チェロ,オーケストラ,合唱

までの学校教育のなかでは扱われなかった項目がある。

たとえば,「乗馬」がある。訪問した当日,外部の支援プログラムとして運動場で乗馬の練習が行われていた。また,テニスコートの脇ではゴルフの練習も行われていた。各教室ではピアノ教室やチェロ教室,バイオリン教室というように個別レッスンができる部屋が増設されていた。

この小学校では特技適性プログラムは22用意されている。そのなかでも,オーケストラ,ゴルフ,テニス,乗馬に力点を置いている。ちなみに,これらはすべて受益者負担プログラムである。

(4) 外部支援プログラムはどんなものがあるか

先に述べた「補充クラス」「1人1スポーツ活動プログラム」のほか,学力指導をする「不振児指導プログラム」,感性を育てるオカリナ指導を行っている教育福祉特別支援事業がある。

(5) 指導スタッフはどうなっているか

教科領域では学校の教師が担当している。「美的感覚」「音楽的感覚」「人間

的感覚」では7～8名が担当する。学力指導では1名ということもある。一方，特技適性放課後学校は基本的に外部講師に依存している。その数26名である。学校の教師は1名である。また保育プログラム放課後学校は専任講師が1名，補助教師が2名となっている。さらに，業務補助のコーディネーターが1名いる。

(6) 今後の新しい計画

この小学校の放課後学校は韓国のマスメディアの注目を浴びている。CMBニュースでは「プライムオーケストラの定期演奏会」が取り上げられ，SBSでは「子どもの日を迎えた幸せな子どもたち」というかたちで放映されている。

そして，グローバル人材養成の1つとしてヨット部の開設を行う予定である。すでに部員として10名が登録されている。

b ソウル蚕一初等学校の事例

この学校は郊外の大きな団地のなかにある大規模校である。永東初等学校が比較的安定した地域にあったのに対して，ここは中産階層の多い新興住民の地域といえよう。

(1) 放課後学校の運用目標は何か

運用目標は次の4つである。

①多様な教育機会の提供
②多様な学習欲求の解消
③素質開発機会の提供
④保護者の私教育費の削減

これら4つの運用目標は韓国の政府が掲げた放課後学校のねらいを忠実に行っているとみてよい。ソウル，しかも都市部の新興住民のニーズに答えようとしている。

(2) 放課後学校の運用の仕組みはどうなっているか

放課後学校の運用は次の7つのステップをふまえている。

①需要調査
②講師募集
③講師選定
④講座開設

⑤受講申請
⑥講座運営
⑦評価

　ここで注目したいのは，①の需要調査をしていることである。学習欲求が多様化しているなか，行き当たりばったりでなく，市場調査の手法を取り入れている。2つ目は，⑦の評価を取り入れていることである。PDCAサイクル（Plan-do-check-act cycle）を視野に入れている。

（3）　放課後学校の日程はどうなっているか。

1年間のスパンをみると，次の4学期制をとっている。
　1期……3〜5月
　2期……6〜8月
　3期……9〜10月
　4期……12〜2月

ただし，夏や冬の休業日は約15日間ほどである。夏，冬休み期間中でも特別講座を組んでいる。

1週間のスパンでみると，次のようになっている。
　月〜金……授業終了後20時まで運用する。
　土曜日……14〜18時まで運用する。
　日曜日……9〜18時まで運用する。

（4）　子どもの参加数はどうなっているか

　2009〜2011年のデータを比較してみると，ほとんど変化がない。全体でみると，複数回答で142％。

学年別では次のとおりである。
　2011年データ……1年生173％，2年生177％，3年生139％，4年生148％，5年生135％，6年生95％。

低学年の参加率が高い。そして，6年生になると急に参加者が減る。

（5）　どの講座に人気があるか

　子どもたちの参加が多いのは「教科」（600人），「体育」（669人），次が「音楽」（413人），「趣味」（311人），それに「コンピューター」（242人），「美術」（160人）が続く。

(6) 講座にどれくらい満足しているか
①子どもの満足度
　受講内容……87％
　講師の説明……88％
　授業の進行……84％
　課題の分量……82％
　学習資料……85％
　子どもたちは放課後学校が提供する学習に対して，かなり高い評価を下している。
②保護者の満足度
　教育課程……87％
　授業時間……93％
　出席管理……87％
　結果通知……73％
　受講料……81％
　保護者は「結果通知」以外は子どもと同じか，それ以上に高い評価を下している。ちなみに，今学校は希望する者だけが参加している。費用は受講料と教材費からなる。活動費は親たちの受益者負担である。

(7) 放課後学校専用の特別の施設はあるか
　永東初等学校同様に特別施設がある。それらは，英語専用教室，ピアノ室，放課後学校支援室，講師控え室，児童休憩室などである。

(8) 放課後学校児童管理はどうなっているか
　すべてがパソコンで一括管理されている。講師募集から受講の申請，出欠調査，それから評価に至るまでソウル市の教育委員会がコンピューターで処理している。学校の負担を極力軽減する施策をとっている。
　子どもの安全のために学校保安官運用マニュアルも用意している。

3 韓国の取り組みの特徴と課題

a 各国の放課後学校の特徴は何か

(1) 特技適性教育の充実を図る

　韓国の放課後学校の特徴として指摘できるのは，まず昼間の学校の延長にあるということである。ドイツでも全日学校を行っているが，韓国はその形態の1つである。

　正規の学校だけで不足する才能を発掘し，能力を伸ばしていこうとする施策である。それが特技適性教育の推進である。正規の学校だけでは不十分なものを補充する。日本でいう遅れたことを補習するのでなく，補充し伸ばしていくのである。発展学習の1つでもある。

(2) 私教育費の削減を図る

　韓国は日本以上に学歴社会である。学歴の違いで一生が決まるといっても過言ではない。大学修学能力試験の当日に高等学校で出陣式が行われる光景がみられる。親子や学校だけでなく，社会全体で入試一色に包まれるのである。

　そのため，各家庭は学校の教育だけに依存しない。独自に家庭教師や受験専門の有名な予備校に通わせる。これも高校からではない。幼児教育や初等教育からお稽古だけでなく英才教育を始めている。この教育費の負担が肥大化して社会問題となっている。経済格差が教育格差（学歴格差）を生じさせている。

　この教育格差是正のために放課後学校が生まれたといっても過言ではない。日本では経済格差が体験格差を生み，それが学力格差を生むという枠組みが指摘されているが，韓国では経済格差が教育格差を生む，にとどまっている。

(3) 中学校，高校にも放課後学校がある

　日本の放課後子ども教室は小学校中心である。正確には，小学校に限定される。一方，韓国は小学校はもとより，中学校，そして高校までを対象にしている。日本の中学校，高校の放課後活動は主にスポーツや芸術系の部活動が中心となる。学校での受験対策の補習授業は一部を除いて今は行われていない。

　ところが，高校生の8割が放課後学校に参加している。そこでは，芸術系

もあるが　多くは正規の学校の延長である教科領域である。

韓国では小学校から高校まで放課後を含めて学校社会をつくり上げている。学歴社会を学校が丸ごと包み込んでいるといえよう。

b　放課後学校の今後の課題

放課後学校の講師は大半を現職の教員が担っている。これでは教員が疲れ，正規の授業がおろそかになる。そこで外部講師の発掘が大きな課題となる。優秀な講師を発掘し，採用するにはその仕組みづくりが必要である。しかし，まだ始まったばかりである。放課後学校講師の導入仕組みの構築が待たれる。と同時に，講師への金銭的な待遇が低いと優秀な人が集まらない。

ここが韓国のかかえるジレンマでもある。放課後学校に高額で優秀な講師を採用すると，民間の塾等の教育機関の不満が募る。子どもたちが民でなく官の学校に流れていく。官が民を圧迫するのである。しかし，韓国のように学校延長の放課後学校の場合，ボランティア講師で教育内容の質を高めるのは至難の業である。ボランティアの講師に何を任せるのか，そのための研修をどうするか，また，専門的な能力をもった人をどうすれば確保できるか，その財政的な措置をどうするか，超えなければならない高いハードルがある。

もう1つの課題は，都市部と地方の格差の是正をどう図るかである。地方は放課後学校といっても財政的な面だけにとどまらず，講師の採用という人材面でも手薄になりがちである。とりわけ地方における教科領域のボランティアの育成が課題となる。

注
1）池本美香（編著）　2009　子どもの放課後を考える　勁草書房

第5章
国際比較調査からみた放課後活動の実態と効果

　本章は，イギリス，フランス，ドイツ，韓国，日本の5カ国の首都部ないし，その近郊に在住する児童を対象とする質問紙調査の結果をもとに，児童の放課後活動の実態と学校を場とする放課後活動の効果の検討を目的としている。

　第1節では調査の概要を説明したい。まず，ここで明らかにしようとする学校を場とする放課後活動の定義や調査目的を述べ，そのうえで調査を行った5カ国の児童の基本的属性や，日常の放課後の過ごし方の実態を紹介する。第2節は児童の帰宅後の過ごし方の内容や，学校を場とする放課後活動の参加状況を明らかにする。第3節は，学校を場とする放課後活動の効果を検討する。効果の検証にもさまざまな方法があると考えられるが，ここでは放課後活動への参加の有無によって，児童の自尊感情や人間関係力，関心・意欲などの意識に違いが生まれるのか否かを，データ分析により検証する。さらに第4節は，5カ国の児童対象調査のさらなる分析によって浮かび上がる，日本の児童の特性を検討する。

1　児童対象国際比較調査の概要

a　調査対象，および調査方法

　本調査は，5カ国の首都部ないしその近郊に在住する児童を対象とした。具体的には，各国の首都部で実施したヒヤリング調査の協力校に在籍する児童や，各国首都部，および首都近郊部の小学校に在籍する8歳以上〜13歳未満（韓国・日本調査は小学校4〜6年生）の児童を対象とした。5カ国別にみた

表 5-1　国別にみた調査対象学校数，調査票配布数，有効回収数，有効回収率

国名	調査対象学校数		調査票配布数	有効回収数	有効回収率
1. ドイツ	・ベルリン市内小学校	6校	―	376	―
2. イギリス	・ロンドン市内小学校 ・ケント州内小学校	5校 9校	―	507	―
3. フランス	・パリ市内小学校	10校	―	370	―
4. 韓国	・ソウル市内小学校	2校	1,247	1,171	93.9%
5. 日本	・東京都C区内全小学校 ・東京都K市内全小学校	8校 19校	6,062	5,307	87.5%
総計	小学校	計59校	―	7,731	―

＊表中の空欄は調査票配布数，有効回収率の算出不可を意味する。

　調査対象，調査票配布数，有効回収率は表5-1に示すとおりである。
　ドイツ，イギリス，フランスはともに有効回収数は約400〜500サンプルであった。他方，韓国は約1,200サンプル，日本は約5,300サンプルであり比較的多くのデータを回収した。韓国・日本の調査は，調査票配布数も確定したため有効回収数・率が算出された。有効回収率は韓国，日本ともに約90%であり，高い回収率といえよう[1]。
　調査法は質問紙による留め置き法を用いた。なお，イギリス調査の場合のみ，対象校の希望をふまえてオンラインを活用した質問紙調査を実施した。具体的には質問紙と同じ形式でオンライン上の調査票を作成し（図5-1），児童はPCのディスプレイで調査票をみて，一斉授業の形式で回答する方法である。調査票の提示がオンラインで行われること以外は，質問紙による調査法との変わりはない[2]。

b　放課後活動の概念規定と調査目的，調査時期

　ここでは，本研究が対象とした放課後活動の概念規定を述べることにしよう。ここで対象とする放課後活動とは「児童を対象として正規の授業後（または授業前）に，学校を場として教職員や地域住民，保護者や関連団体等の支援のもとに実施される組織的な学習や体験活動」を意味している。実際に行われる活動内容の詳細は後述するが，ここで対象とした活動には，教職員や地域住民，保護者等の大人の支援のもとに安心・安全な学校を場として実施される子ども

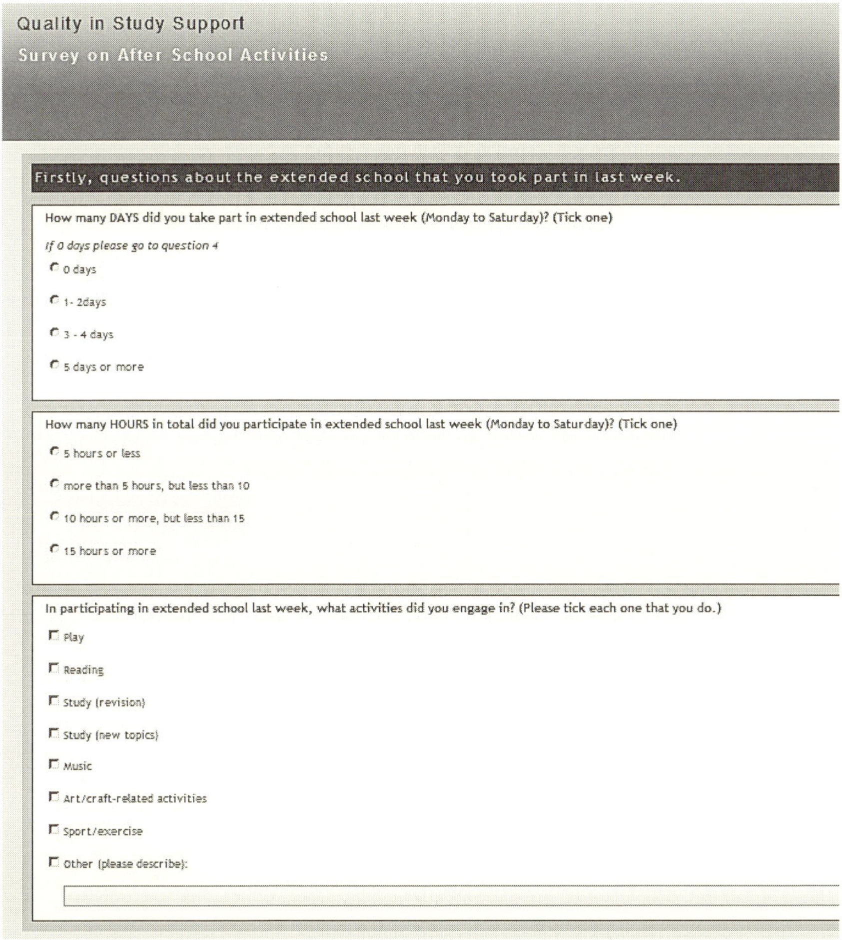

第5章　国際比較調査からみた放課後活動の実態と効果　101

```
Quality in Study Support
Survey on After School Activities

Firstly, questions about the extended school that you took part in last week.

How many DAYS did you take part in extended school last week (Monday to Saturday)? (Tick one)
If 0 days please go to question 4
○ 0 days
○ 1- 2days
○ 3 - 4 days
○ 5 days or more

How many HOURS in total did you participate in extended school last week (Monday to Saturday)? (Tick one)
○ 5 hours or less
○ more than 5 hours, but less than 10
○ 10 hours or more, but less than 15
○ 15 hours or more

In participating in extended school last week, what activities did you engage in? (Please tick each one that you do.)
☐ Play
☐ Reading
☐ Study (revision)
☐ Study (new topics)
☐ Music
☐ Art/craft-related activities
☐ Sport/exercise
☐ Other (please describe):
```

図5-1　イギリス調査におけるオンライン上での質問紙の例

の自由遊びや自由な読書活動等も含まれる。

　児童対象調査は国による違いを超えて，学校を場として放課後に実施される学習や体験の各国の実態を解明するとともに，放課後活動への参加によって，児童にいかなる変化が生まれるかを児童の観点から検証することを目的とした。

　本書の冒頭でも述べたように，2006（平成 18）年の教育基本法改正を受けて日本では 2007（平成 19）年度以降，学校，家庭，地域の連携による教育の

推進を図る目的で「放課後子どもプラン」に関する事業が展開されている。その一環として，国や地方公共団体の財政的支援も得て展開される「放課後子ども教室」事業がある。本研究が分析対象とする放課後活動は，日本においてはこの「放課後子ども教室」事業だといえる。

　日本以外の 4 カ国においては，当然ながら各国の取り組む事業名等の教育政策上の名称やそれを支える法律等のバックグラウンドは異なっている。しかし，学校を場として正規授業後や授業前に，教職員や地域住民，保護者等の支援のもとに実施する児童対象の学習や体験活動プログラムは，日本以外の 4 カ国にも存在している。日本以外の 4 カ国では，場合によっては日本以上に取り組みの歴史が長く，また現在の実施率も高い国が多いことは，第 4 章までに検討してきたとおりである。国による教育政策上の位置づけや，歴史的経緯は異なるとしても，実際に展開される活動が学校を場としており，正規授業後に（あるいは授業前に）実施される児童の学習や体験活動のプログラムという意味では，相当の共通性も見出せると考えられる。なお，5 カ国ともに放課後活動支援を実施する学校で調査を行った。

　学習や体験の効果分析にあたっては，独立行政法人国立青少年教育振興機構が 2009（平成 21）年度に実施した「子どもの体験活動の実態に関する調査研究」の分析枠組みと調査項目を手がかりとした。当該研究は，日本の子どもの幼少期・青少年期の体験の効果を探るため，全国小・中・高生，および 20 歳以上の成人を対象とする大規模な調査研究であり，幼少期や青少年期の体験の効果を検証しようとするものである[3]。本研究のメンバーの多くが「子どもの体

表 5-2　5 カ国別にみた児童対象の質問紙調査の実施期間

国名	児童対象調査の実施期間
1. ドイツ	ベルリン市内ヒヤリング対象 2 校は 2011 年 2 月～3 月末 その他のベルリン市内 4 校は 2011 年 9 月～10 月末
2. イギリス	ロンドン市内クロイドン地区校は 2010 年 11 月 1 日～30 日 その他ロンドン，およびケント州は計 14 校。2011 年 9 月～11 月末
3. フランス	2011 年 9 月～10 月末
4. 韓国	ソウル特別市内 2 校 2011 年 5 月 15 日～6 月 10 日
5. 日本	東京都 C 区全 8 校，同じく K 市全 19 校。2011 年 1 月 15 日～2 月末

活動の実態に関する調査研究」に携わったことにより，学校を場とする放課後活動の体験についても，児童の自尊感情や人間関係能力，関心・意欲など児童の意識の違いとの関連が見出されるか否か，また国による違いや類似性はあるかを検証したいと考えた。同時に日本調査にかぎってみれば，国立青少年教育振興機構の実施した全国の小・中・高校生を対象とする調査結果との比較によって，首都部の有意抽出による本調査の妥当性の検討もある程度，可能であることを重視した。

効果分析として活用する具体的な調査項目は，第3節で後述する。なお本研究の調査と国立青少年教育振興機構が実施した全国調査の比較は，第4節で試みる。本調査は2010年2月～2011年10月末に実施された。国別にみた調査実施期間の内訳は，表5-2に示すとおりである。

c 児童の基本的属性と放課後の家庭での過ごし方に関する国際比較

ここでは，前掲の調査結果をもとに，5カ国の児童の基本的属性や日常のライフスタイルを紹介することにしよう。なお，第1，2節で用いる5カ国別クロス分析は，いずれも有意水準1%未満で統計的有意差が認められる。

(1) 年齢と性別

調査対象児童の年齢，性別をグラフに表したものが図5-2，図5-3である[4]。

調査対象児童の年齢は，8歳以上～13歳未満である。国別にみた児童の割合には若干の差が認められるが，ドイツ以外はいずれも10～13歳未満の児

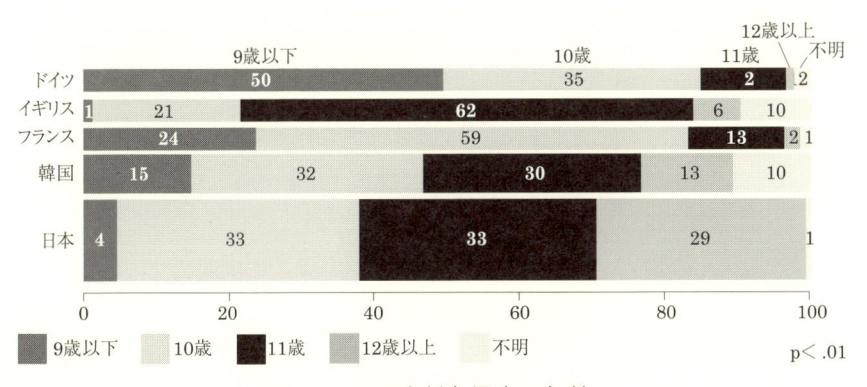

図5-2　調査対象児童の年齢

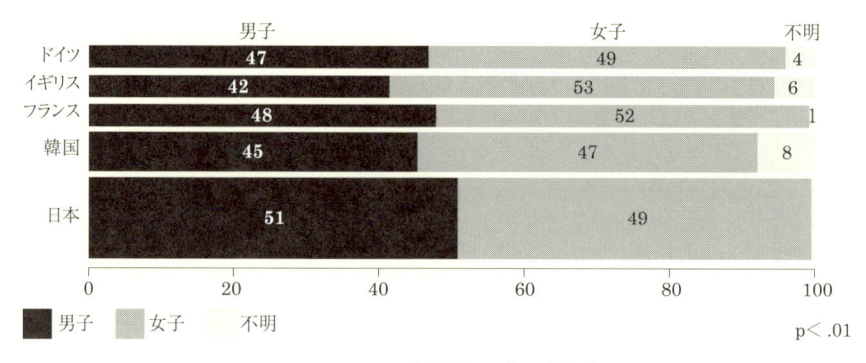

	男子	女子	不明
ドイツ	47	49	4
イギリス	42	53	6
フランス	48	52	1
韓国	45	47	8
日本	51	49	

■ 男子　▨ 女子　□ 不明　　　　　　　　　p＜.01

図5-3　調査対象児童の性別

童の占める割合が70〜90％を占めた。ドイツのみは，9歳以下の占める割合が全体の50％にのぼった（図5-2）。

性別の内訳についてみると（図5-3），ドイツ，フランス，韓国，日本はいずれも男女構成比率はほぼ半々であった。イギリスのみ男子40％，女子50％でやや女子の割合が高い。

(2) 放課後の家庭での過ごし方に関する国別比較
　①帰宅後，子どものみで過ごす日数

　　日常の放課後の家庭での過ごし方を検討するために，ここでは児童に対して調査回答の前週（月曜〜土曜）の放課後の家庭での過ごし方を問う項目を複数設定した。具体的には前週の帰宅後に大人が不在で子どものみで過ごした日数や，いつも遊んでいる友人の数といった項目である。以下では，それらの項目から首都部に在住する児童の家での放課後の過ごし方を検討する。

　　図5-4は，学校から帰って，家族や大人が出かけていてその大人が帰るまで1人（あるいは兄弟，姉妹，または友だちだけ）で過ごした日数を問うた結果である。1人あるいは子どものみで過ごした日数が「ほとんどない」と回答する児童は，日本においてもっとも低く45％であった。換言すれば日本の児童は，学校から帰宅後，1週間以内に1日以上を1人ないし兄弟姉妹や，友だちなど子どものみで過ごした者の割合が50％以上あり，5カ国中でもっとも高い。日本では調査を行った前週1週間内に，児童の帰宅後に4日以上を子どものみで過ごす子どもの割合は全体の20％を占めた。この結果も，5

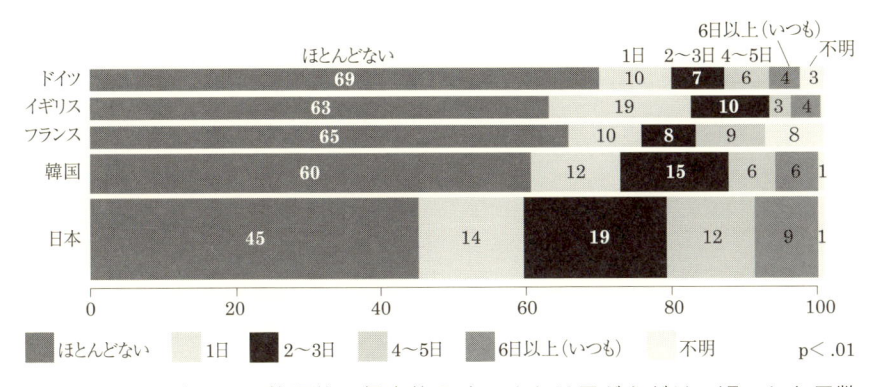

	ほとんどない	1日	2〜3日	4〜5日	6日以上(いつも)	不明
ドイツ	69	10	7	6	4	3
イギリス	63	19	10	3	4	
フランス	65	10	8	9	8	
韓国	60	12	15	6	6	1
日本	45	14	19	12	9	1

p＜.01

図5-4　月〜土曜日の放課後に帰宅後1人，または子どもだけで過ごした日数

カ国中，もっとも高い割合である。本調査においては，日本の児童はいわゆる鍵っ子といわれる保護者不在のなかで，帰宅後の時間を過ごす子どもの割合が他国に比して多い現況を現している。韓国やヨーロッパの国々にも鍵っ子の状況に置かれる児童は存在するが，全体の30〜40％であり日本に比べるとその割合は少ない。

②帰宅後，いつも遊ぶ友人の数

　児童は日常，帰宅後，何人の友人と遊んでいるのだろうか。帰宅後にいつも遊んでいる友人の数を尋ねた結果は，図5-5に示すとおりである。

　いつも遊ぶ友人が「いない」という回答は，日本の児童でもっとも多く，7％を占め，「1人」を含む割合の合計値は12％であった。日本や韓国の児童に比べるとドイツ，イギリス，フランスの児童は，5人以上の友人と遊ぶと回答する割合が多く，全体の70〜80％を占めた。

　反対に日本や韓国の児童は，5人以上の多人数で遊ぶと回答する児童の割合が低く，30〜40％程度にとどまっている。日本や韓国の児童のほうがヨーロッパ3カ国の児童に比べて，普段，帰宅後は少人数の友人と遊ぶ傾向が強いように思われる。普段遊ぶ友人の少なさは，第2節で後述するように，帰宅後の学習時間の多さや屋内遊びの割合の高さとも関連する事象と考えられる。帰宅後の児童の過ごし方について，さらにその内容をみていくことにしよう。

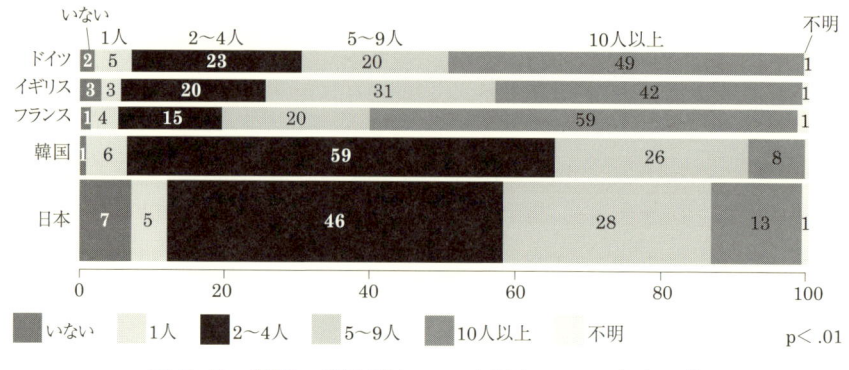

```
              いない
                1人    2～4人      5～9人          10人以上         不明
  ドイツ   2  5    23         20              49                1
 イギリス  3  3    20           31              42               1
 フランス  1  4   15         20             59                 1
   韓国   1   6          59              26            8
    日本    7  5          46            28        13      1
         0       20       40       60       80      100
```

図5-5 普段，帰宅後にいつも遊んでいる友人の数

2 児童対象の5カ国国際比較調査からみた放課後活動の実態

a 帰宅後の放課後の過ごし方

ここでは帰宅後の日常の放課後の過ごし方について，より具体的な内容をみていくことにしよう。以下では，児童の観点から学校以外で1日に勉強する時間数，テレビ視聴時間数，テレビゲーム・インターネット・まんが本を読む頻度の側面について検討する。

(1) 学校以外で1日に勉強する時間数

帰宅後に，児童がどの程度，勉強時間を費やしているかを問うた結果は，図5-6に示すとおりである。帰宅後の学習時間数には，児童が学習塾に通塾する場合にはその時間数を換算することを求めた。

日本や韓国の児童は帰宅後，1時間以上の学習時間をもつ者の割合がイギリス，ドイツ，フランスの児童に比べて高く，全体の約70～90％を占める。とくに韓国は，3時間以上の学習時間をもつ児童が40％あり，帰宅後の学習時間数の多さが際立っている。韓国や日本では小学生といえども，帰宅後の時間を塾などを含む学習に費やす者が多い現状がある。一方，ドイツの児童に「まったくない」の割合が60％強を占めたのは，調査対象児童が9歳以下の低年齢児童の割合が多いことが影響したと考えられる。

(2) テレビ視聴時間，および室内遊びの頻度

帰宅後の児童が長時間にわたりテレビ視聴を行う実態は，これまでもいくつかの調査研究で指摘されてきた[5]。本調査対象となった児童の場合，どのような実態がみられるのだろう。

図5-7は児童に平日，帰宅後のテレビ視聴時間を問うた結果である。前述のように，帰宅後の学習時間の長い児童の多い韓国では，テレビ視聴を「ほとんどみない」と回答する児童が5カ国中もっとも多く，全体の約50％を占めた。他方，他の国々では平日1時間以上のテレビ視聴をする児童は約60〜70％存

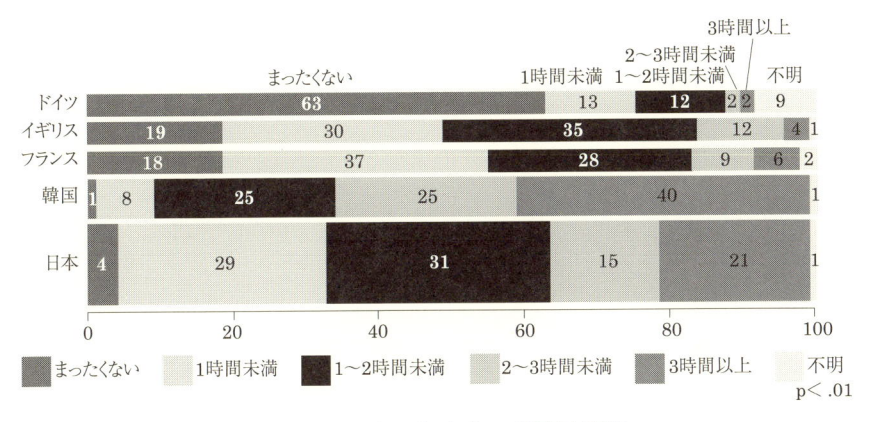

図5-6 日常の帰宅後の学習時間数

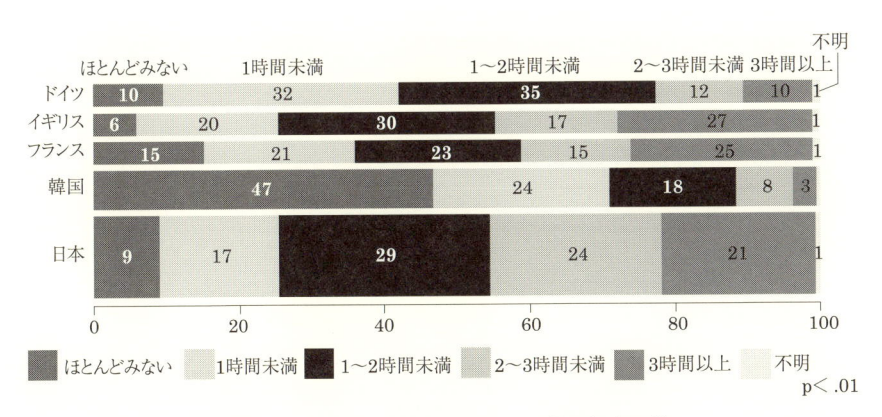

図5-7 平日，帰宅後のテレビ視聴時間数

在する。とくに日本の児童は，2時間以上の長時間のテレビ視聴をする割合が比較的高く，全体の約50％を占めた。児童の多くは帰宅後の時間をテレビ視聴で過ごす実態があることが，本調査においても浮かび上がった。

図5-8は，さらに平日に帰宅後のテレビゲーム・PCゲーム，インターネットの使用頻度，まんが本を読む頻度を国別に示したものである。図中のグラフは「毎日している」「ときどきしている」と肯定的回答をした児童の割合を合計した値を示している。

イギリスはテレビゲームやインターネットや，まんが本を読むの3項目を「毎日している」「ときどきしている」児童の割合が本調査でもっとも高い。韓国の児童の場合，インターネットの使用頻度はイギリスについで高い割合となった。一方，ドイツが相対的に低い割合を示したのは，前述のように回答者に占める9歳以下の比較的，低学年児童の比率が高いことが関連していると考えられる。

日本の児童においても，テレビゲーム・PCゲーム，インターネットの使用頻度や，まんが本を読む頻度は低いとはいえない。それらを毎日，あるいはときどき行う児童は，全体の約50〜60％存在している。昨今，日本の児童は多人数での戸外遊びの割合が少なくなり，反対にテレビ視聴や各種ゲーム，まんが本など室内での1人遊び，ないし少人数での遊びが多い実態が指摘されている[6]。そうした児童の帰宅後の屋内遊びが多い現状は，今回の調査においてもかなり映し出されたといえよう。

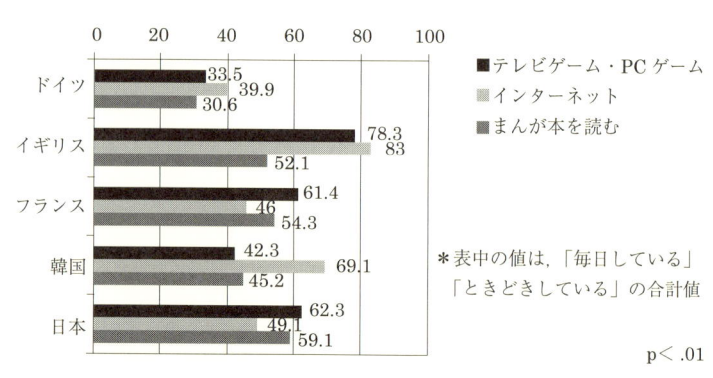

図5-8　5カ国別にみたテレビゲーム，インターネット，まんが本を読む頻度

（ドイツ：33.5／39.9／30.6　イギリス：78.3／83／52.1　フランス：61.4／46／54.3　韓国：42.3／69.1／45.2　日本：62.3／49.1／59.1　■テレビゲーム・PCゲーム　インターネット　まんが本を読む　＊表中の値は，「毎日している」「ときどきしている」の合計値　$p < .01$）

b 学校を場とする児童の放課後の過ごし方

(1) 正規授業後の放課後活動の参加日数と参加時間数

　前述のように，日常の帰宅後の児童の実態が浮かび上がった。他方，放課後を学校で過ごし，学習や体験活動に取り組む児童はどの程度存在し，参加児童は1週間にどの程度の日数や時間数を過ごしているのだろうか。また具体的に，いかなる内容の活動に参加しているのだろうか。以下では同調査をもとに，その実態に迫ることにしよう。

　図5-9は，各国児童が調査実施の前週1週間内の放課後活動への参加日数をグラフ化したものである。「0日」の割合がもっとも多いのは日本であり，全体の73％を占めた。他の4カ国の場合「0日」は50％未満であり，今回の首都部を中心とする調査で学校を場とする放課後活動への参加の割合がもっとも少ないのは日本であった。反対に，「0日」がもっとも少ないのはフランスであり，16％にとどまっている。他方，「5日以上」の参加日数の割合がもっとも高いのはドイツであった。ドイツの被調査者となった児童は，約60％が5日以上，正規授業後の放課後プログラムに参加している。

　さらに放課後のプログラムに参加する時間数を調査前週の1週間で問うた結果が図5-10である。10時間以上の長時間の参加時間数の参加と回答した児童がもっとも多いのは，参加日数ももっとも多い傾向がみられたドイツであった。他方，他の4カ国は「5時間未満」がいずれも約70％を占めており，「5

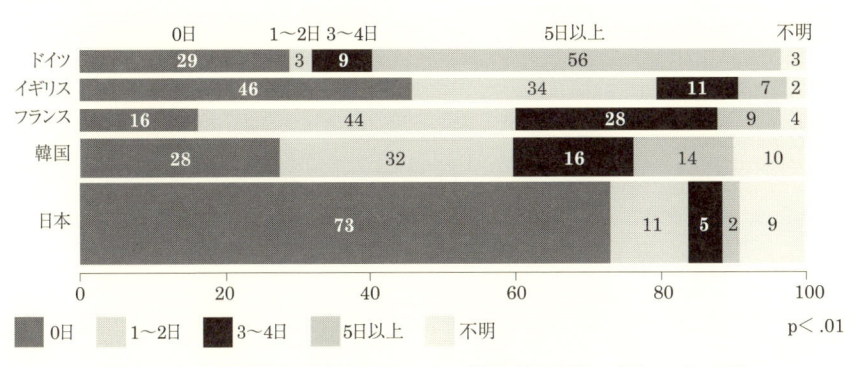

図5-9　1週間に学校を場とする放課後活動に参加した日数

	5時間未満	5〜10時間未満	10〜15時間未満	15時間以上	不明
ドイツ	17	27	38	17	1
イギリス	71		20	4	3 2
フランス	69		20	5	3 2
韓国	66		23	5	3 3
日本	69		19	5	4 3

■5時間未満　■5〜10時間未満　■10〜15時間未満　■15時間以上　■不明　　p＜.01

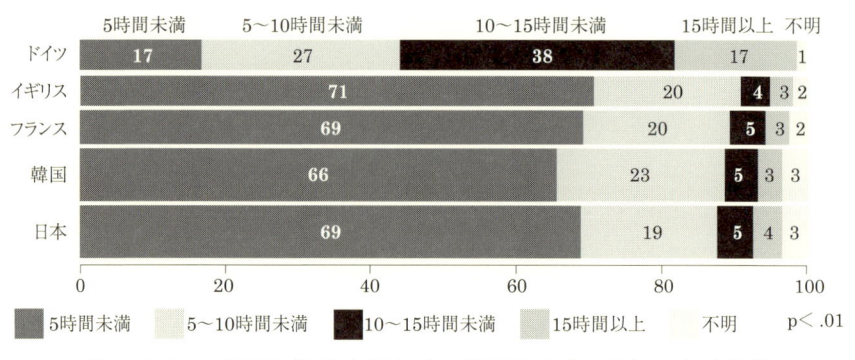

図5-10　1週間に学校を場とする放課後活動に参加した時間数

〜10時間」が約20％で，「10時間以上」は10％弱であった。

　ドイツは第1章で述べたように，従来の午前中授業のみで児童を帰宅させることが一般的であった学校教育制度の改革に着手している。とくに本調査を実施したベルリン市は学校制度改革を強力に推進し，全公立学校において自由選択制か義務制による放課後の活動プログラムへの参加を可能としている。そうした改革が今回の調査に反映しており，ドイツ児童の学校を場とする放課後プログラムへの参加日数，参加時間数をともに高めた要因と考えられる。

　具体的な内容として，児童はどのような活動に取り組んでいるのか。ここでは児童に8つの活動の選択肢を提示し，調査前週の1週間以内に取り組んだ活動を複数回答で問うた。8つの選択肢とは，①自由遊び，②自由な読書，③授業の復習または宿題，④授業の予習または発展，⑤合唱または楽器演奏，⑥図画工作に関する活動，⑦スポーツ・運動，⑧その他である。

　図5-11は，児童自身が取り組んだ内容を5カ国別に示したものである。調査結果をみると，ドイツの選択肢の結果がもっとも長い帯グラフの形状を示していることがわかる。これは，より多くの児童が多種類の活動に携わった事実を反映している。ドイツはこれまでにもみてきたように，放課後活動に参加する参加日数，参加時間数ともに高い傾向を示しており，あわせて実際に取り組まれる活動内容も多様性に富む傾向を示している。フランス，イギリスも，韓国や日本に比してグラフは長い形状を示しており，多様性のあるプログラムに多くの児童が参加していることを示す。

第5章　国際比較調査からみた放課後活動の実態と効果　111

	自由遊び	自由な読書	授業の復習または宿題	授業の予習または発展	合唱または楽器演奏	図画工作に関する活動	スポーツ・運動	その他
ドイツ	85		31	17	39	32	40	56	21
イギリス	28	10	18	7	27	10	64		17
フランス	33	21	30	6	27	18	67		22
韓国	64	9	17	38	2	40		43
日本	48	9	17	38	4	39		19

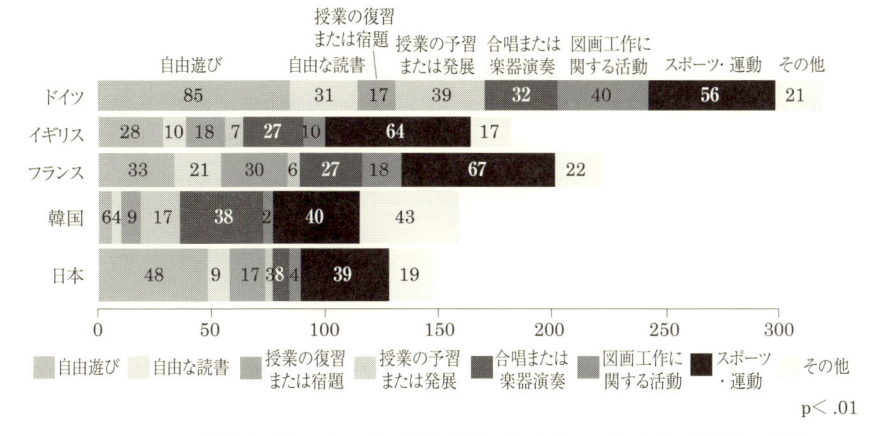

$p < .01$

図5-11　学校を場とする放課後活動で取り組んだ内容（複数回答）

　プログラムの多様性という意味では，韓国の場合に「その他」が43％を占めた結果にもその傾向が浮かび上がっているといえる。すなわち，「その他」の選択肢を選ぶ児童が多いのは，ここで取り上げた選択肢には該当しないプログラムに取り組む児童が多くいる事実を示している。韓国の現地ヒヤリング調査において筆者らは，児童がたとえば「乗馬」「手品」「ディベイト」「英会話」「料理」「理科実験教室」「囲碁」等，多様なプログラムに取り組む姿をとらえることができた。そうした活動内容の多様性は，ここでの調査項目によってはくみとれない部分があり，韓国の「その他」の割合の高さにつながったと考えられる。

　他方，帯グラフがもっとも短い形状を示すという意味で，多様性が低いと判断できるのは日本である。日本の場合，自由遊びやスポーツ・運動に取り組む児童が約40〜50％ありその割合は比較的多いが，他の内容活動に取り組む児童の割合は少ない。今後，日本の「放課後子ども教室」等の取り組みは，さらなる活動内容の多様性を高める方向での改善や工夫が求められるように思う。

3 放課後活動の効果──子どもにどのような力が育まれるのか

a 放課後活動の効果分析の方法

　本研究では，放課後活動への参加により児童にいかなる変化が生じるのか，その効果の一端をとらえたいと考えた。ここでは前述のように国立青少年教育振興機構が2009（平成21）年度に行った「子どもの体験活動の実態に関する調査研究」を手がかりとした。具体的には上記の研究において，体験を通して得られる資質・能力を「体験の力」と位置づけた7領域（自尊感情，共生観，関心・意欲，職業意識，規範意識，人間関係能力，文化的作法・教養）別に，児童の意識を問う設問を設定した。表5-3に示す7領域計21項目の調査項目は，ここで実際に児童に問うた調査項目の一覧である。質問紙調査では，4.とてもあてはまる，3.ややあてはまる，2.あまりあてはまらない，1.まったくあてはまらない，の4件法で児童の回答を得た。その結果を，学校を場とする放課後活動への参加の有無別にクロス分析，χ^2検定を行い比較分析した。

　分析の結果，表5-3に示す7領域に含まれると考えた項目は，国別・放課後活動参加の有無別分析において，統計的有意差がみられる場合とみられない場合があった。ただし，有意差がみられる場合は，その多くが放課後活動への参加が児童の自尊感情や関心・意欲など内面的意識とともに，人間関係能力といった対人間関係能力に対する児童の意識にプラスの影響を及ぼす可能性のある関連が析出された。

　本分析は放課後活動の効果分析の第一段階であるため，また本調査が有意抽出のデータ分析であることより，あまり断定的な結論を述べるべきではないが，以下では国別・放課後活動参加の有無別のクロス分析から，いくつかの国で統計的有意差が認められ，特徴が浮かび上がった項目をもとに，放課後活動への参加の効果を仮説的に提示し，検討することにしよう。表5-4は，前掲の表5-3に示した7領域21項目について，国別・放課後活動の参加の有無別クロス分析のχ^2検定結果をまとめたものである。表中には，有意水準，5％未満，1％未満で有意差のある結果とともに，参考として10％未満で有意差のある項

表5-3 児童の体験を通して得られる資質・能力に関する調査項目

領域名	調査項目名
1. 自尊感情	1. 自分のことが好きである 2. 家族を大切にできる人間だと思う 3. 今，住んでいる町が好きである
2. 共生観	4. 悲しい体験をした人の話を聞くとつらくなる 5. 友だちがとても幸せな体験をしたことを知ったら，私までうれしくなる 6. 人から無視されている人のことが心配になる
3. 関心・意欲	7. もっと深く学んでみたいことがある 8. 体験したことのないことには何でもチャレンジしてみたい 9. わからないことはそのままにしないで調べたい
4. 規範意識	10. 交通規則など社会のルールは守るべきだと思う 11. 電車やバスに乗ったとき，高齢者や身体の不自由な人には席をゆずろうと思う 12. 他人をいじめている人がいると，腹が立つ
5. 人間関係能力	13. けんかをした友だちを仲直りさせることができる 14. 近所の人にあいさつができる 15. 初めて会った人とでもすぐに話ができる
6. 職業観	16. 自分にはなりたい職業や，やってみたい仕事がある 17. 大人になったら仕事をするべきだと思う 18. できれば，社会や人のためになる仕事をしたいと思う
7. 文化的作法・教養	19. 年に何度か，親戚のお墓参りに行くべきだと思う 20. 年上の人と話すときは丁寧な言葉，年下の人には優しい言葉を使い話すことができる 21. 自分の国の昔話を話すことができる

目を示している。

b 子どもの自尊感情との関連

放課後活動への参加は，子どもの自尊感情に影響を及ぼす可能性がある。図5-12は，5カ国児童の放課後活動への参加の有無別に自分を「家族を大切にできる人間だと思う」の記述に対する回答をクロス分析した結果である。上部の国別グラフが放課後活動への参加群の児童の回答結果であり，下部のグラフが参加しなかった群の児童の回答結果を示す。

全体的な傾向としては，日本の児童が5カ国のなかでも「自分が好きである」や「家族を大切にできる人」について「とてもあてはまる」の肯定的な回答率

表 5-4 国別・放課後活動参加の有無別にみた
21 項目のクロス分析・χ^2 検定結果

領域	項目名	ドイツ	イギリス	フランス	韓国	日本
1 自尊感情	1. 自分のことが好き				$p<.1$	
	2. 家族を大切にできる				$p<.05$	
	3. 住んでいる町が好き		$p<.1$			$p<.1$
2 共生観	4. 悲しい体験を聞くとつらい					
	5. 友だちの幸せな体験がうれしい				$p<.1$	
	6. 無視されている人が心配		$p<.01$			$p<.1$
3 関心意欲	7. 深く学んでみたい				$p<.1$	$p<.05$
	8. 何でもチャレンジしたい					$p<.05$
	9. わからないことは調べたい					
4 規範意識	10. 社会のルールは守るべき			$p<.05$		
	11. 高齢者等に席をゆずる			$p<.05$		
	12. いじめる人に腹が立つ			$p<.1$		
5 人間関係	13. 友だちを仲直りさせられる					$p<.01$
	14. 近所の人にあいさつができる				$p<.1$	$p<.01$
	15. 初めて会った人と話ができる	$p<.01$			$p<.1$	$p<.01$
6 職業観	16. なりたい職業がある	$p<.1$		$p<.05$		
	17. 大人になったら仕事をするべき					
	18. 社会や人のために仕事をしたい				$p<.05$	$p<.1$
7 文化的教養	19. 年に何度かお墓参りに行く			$p<.1$		$p<.01$
	20. 丁寧な言葉や、優しい言葉を使い話すことができる					
	21. 自国の昔話を話せる				$p<.01$	$p<.01$

＊表中の空欄は、χ^2 検定の結果、統計的有意差なしを意味する。

が極端に少なく、自尊感情が他国の児童に比べて低い傾向にあるといえる（5カ国比較分析で $p<.01$）。国別分析では、韓国の場合、3項目中2項目に統計的有意差がみられた（$p<.05$）。韓国の「とてもあてはまる」の回答率は、放課後活動への参加群のほうが参加経験のない群に比べて高い（図5-12）。

自尊感情に関する項目としては、「今、住んでいる町が好きである」についてのクロス分析結果が、図5-13である。ここでは、イギリスと日本の場合に（$p<.1$）、若干の有意差が認められる。イギリス、日本ともに放課後参加群の児童のほうが「とてもあてはまる」の強い肯定的回答率が高く、前掲図5-12

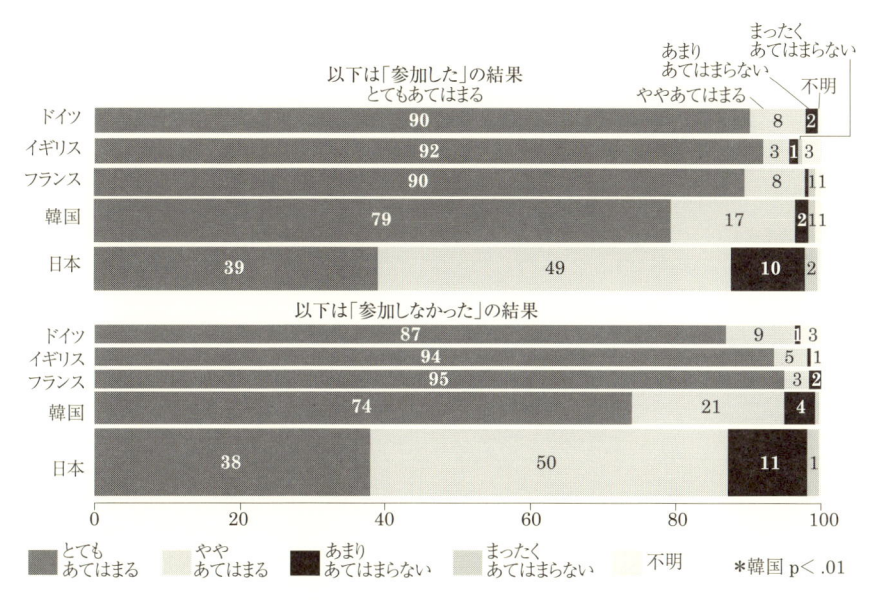

第 5 章　国際比較調査からみた放課後活動の実態と効果　**115**

```
             以下は「参加した」の結果                     あまり      まったく
                   とてもあてはまる                    あてはまらない  あてはまらない
                                             ややあてはまる      不明
ドイツ  ████████████████████████████  90            8    2
イギリス ████████████████████████████  92            3 1 3
フランス ████████████████████████████  90            8  1 1
韓国   ████████████████████████  79              17   2 1 1
日本   ████████████  39      ████████████  49       10  2

             以下は「参加しなかった」の結果
ドイツ  ████████████████████████████  87            9  1 3
イギリス ████████████████████████████  94            5 1
フランス ████████████████████████████  95            3 2
韓国   ███████████████████████  74               21    4
日本   ████████████  38      █████████████  50       11 1
      0      20      40      60      80      100
  ■とても    □やや    ■あまり      □まったく     □不明    ＊韓国 p＜.01
   あてはまる   あてはまる  あてはまらない  あてはまらない
```

図 5-12　放課後参加の有無別にみた「家族を大切にできる人」

の韓国と同様の傾向を示した。

　それらの結果をふまえると，放課後活動への参加は児童の自尊感情に何らかの影響を及ぼす可能性があるといえよう。放課後活動のなかで，児童はさまざまな学習や体験に取り組む。また異年齢の児童や大人との交流を通して，自分自身の長所短所や自分の住む町の魅力を知ることにつながり，その価値を認める意識も高まるのかもしれない。

c　子どもの関心・意欲との関連

　放課後活動参加の有無別国別の比較分析において着目できる結果は，子どもの関心・意欲との関連である。ここでは児童の関心・意欲を「もっと深く学んでみたいことがある」「体験したことのないことには何でもチャレンジしてみたい」「わからないことはそのままにしないで調べたい」の計 3 項目でとらえた。

　図 5-14 は「もっと深く学んでみたいことがある」，図 5-15 は「体験したことのないことには何でもチャレンジしてみたい」に対する分析結果である。図 5-14 は韓国（$p<.1$），日本（$p<.05$）の 2 カ国に有意差があり，いずれも放

	とても あてはまる	ややあてはまる	あまり あてはまらない	まったく あてはまらない	不明
以下は「参加した」の結果					
ドイツ	66	17	10	6	1
イギリス	41	39	11	5	4
フランス	60	29	8	2	1
韓国	61	29	7	2	
日本	64	24	9	2	1
以下は「参加しなかった」の結果					
ドイツ	65	24	7	4	
イギリス	31	44	13	9	2
フランス	50	40	10		
韓国	60	28	8	3	
日本	60	28	9	3	1

*イギリス,日本 p<.1

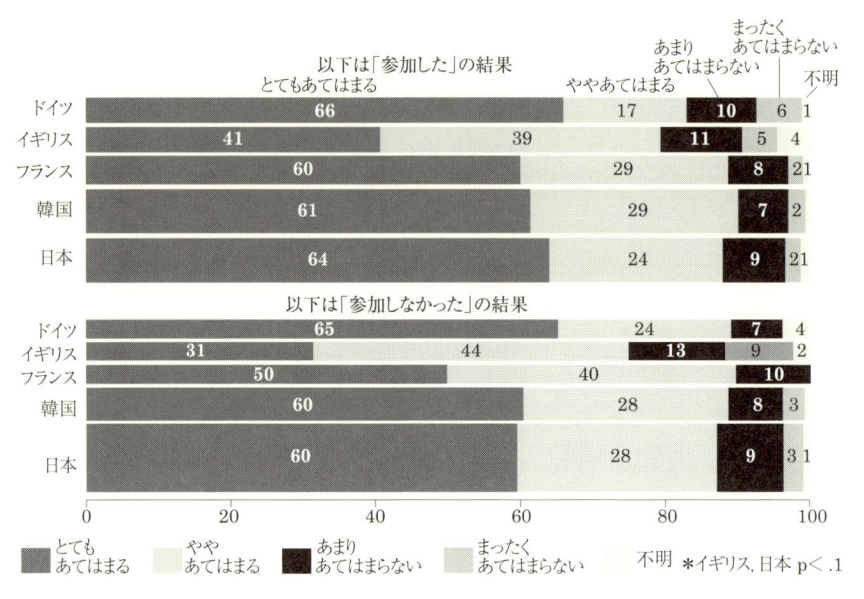

図5-13　放課後参加の有無別にみた「今,住んでいる町が好き」

課後参加群のほうが「とてもあてはまる」の強い肯定的回答率が高い。図5-15は，日本（p<.05）のみに有意差があり，図5-14と同様に放課後参加群の児童に「とてもあてはまる」の肯定的回答率が高い結果となった。他方，「わからないことはそのままにしないで調べたい」は国別・放課後参加別クロスの有意差がみられなかった。

以上の結果をふまえると，少なくとも韓国や日本の児童については，放課後活動への参加が児童の関心・意欲を高める何らかの効果が期待できるように思う。異年齢の児童同士で多様な学習や体験に取り組むことによって，新しい事柄への挑戦の気持ちや，より深く学んでみたいといった探究心が芽生えるのではないだろうか。なお，他の国々の場合「とてもあてはまる」の割合は放課後参加群のほうが非参加群の児童に比べて同程度かやや高い傾向がみられるが，統計的有意差は確認できなかった。今後のさらなる関連の分析・検討が必要である。

第5章　国際比較調査からみた放課後活動の実態と効果　117

以下は「参加した」の結果

	とてもあてはまる	ややあてはまる	あまりあてはまらない	まったくあてはまらない	不明
ドイツ	61	22	14		12
イギリス	60	28	7	2	4
フランス	47	26	17	7	3
韓国	73	21	5		2
日本	46	31	18	4	2

以下は「参加しなかった」の結果

	とてもあてはまる	ややあてはまる	あまりあてはまらない	まったくあてはまらない	不明
ドイツ	61	26	11		3
イギリス	58	24	9	5	4
フランス	43	38	10	7	2
韓国	70	24	4	2	1
日本	42	32	19	6	1

＊韓国 p＜.1, 日本 p＜.05

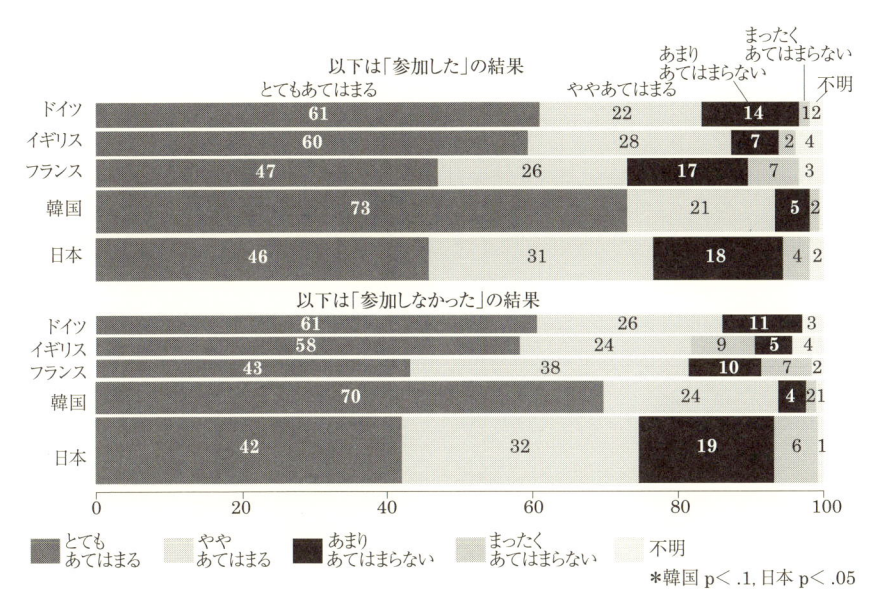

図5-14　放課後参加の有無別にみた「もっと深く学んでみたいことがある」

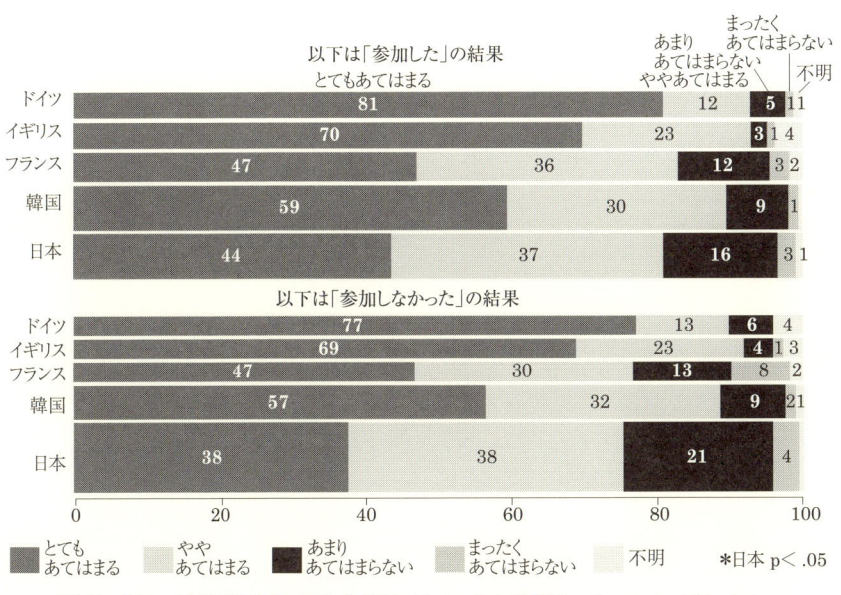

以下は「参加した」の結果

	とてもあてはまる	ややあてはまる	あまりあてはまらない	まったくあてはまらない	不明
ドイツ	81	12	5	1	1
イギリス	70	23	3	1	4
フランス	47	36	12	3	2
韓国	59	30	9		1
日本	44	37	16	3	1

以下は「参加しなかった」の結果

	とてもあてはまる	ややあてはまる	あまりあてはまらない	まったくあてはまらない	不明
ドイツ	77	13	6		4
イギリス	69	23	4	1	3
フランス	47	30	13	8	2
韓国	57	32	9	2	1
日本	38	38	21	4	

＊日本 p＜.05

図5-15　放課後参加の有無別にみた「未体験にチャレンジしたい」

d 子どもの人間関係能力との関連

　放課後活動への参加は，児童の人間関係能力との関連も見出せる。図5-16〜18は，ここで児童の人間関係能力を反映する項目として取り上げた「けんかをした友だちを仲直りさせることができる」「近所の人にあいさつができる」「初めて会った人とでもすぐに話ができる」の記述に対する，児童の回答結果の国別・放課後参加の有無別分析の結果である。図5-16は日本（$p<.01$）において有意差がみられ，図5-17は韓国（$p<.1$）と日本（$p<.01$），さらに図5-18ではイギリス（$p<.01$），韓国（$p<.1$），日本（$p<.01$）で有意差があり，複数国での関連が認められた。

　分析結果をみると，韓国および日本においてはいずれも放課後活動への参加群の児童のほうが，人間関係能力も高い傾向が読みとれる。とくに日本の児童は，放課後活動への参加群が，友人のけんかを仲直りさせることや，近所の人へのあいさつ，初対面の人と話ができることに対して「とてもあてはまる」の肯定的回答率が高く，児童自身が友人の対人関係の調整や，大人や初対面の人

	とてもあてはまる	ややあてはまる	あまりあてはまらない	まったくあてはまらない	不明
	以下は「参加した」の結果				
ドイツ	31	31	29	8	1
イギリス	36	39	15	6	5
フランス	38	34	18	7	2
韓国	40	40	16	3	1
日本	25	40	27	7	
	以下は「参加しなかった」の結果				
ドイツ	37	28	21	11	4
イギリス	37	39	12	6	6
フランス	38	28	25	7	2
韓国	35	38	21	5	1
日本	21	39	31	9	

＊日本 $p<.01$

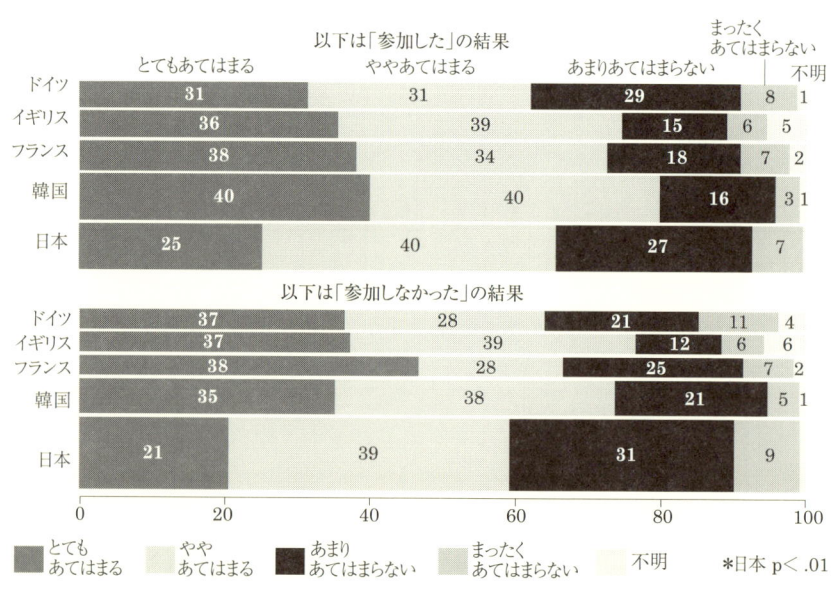

図5-16　放課後参加の有無別にみた「けんかした友人を仲直りさせられる」

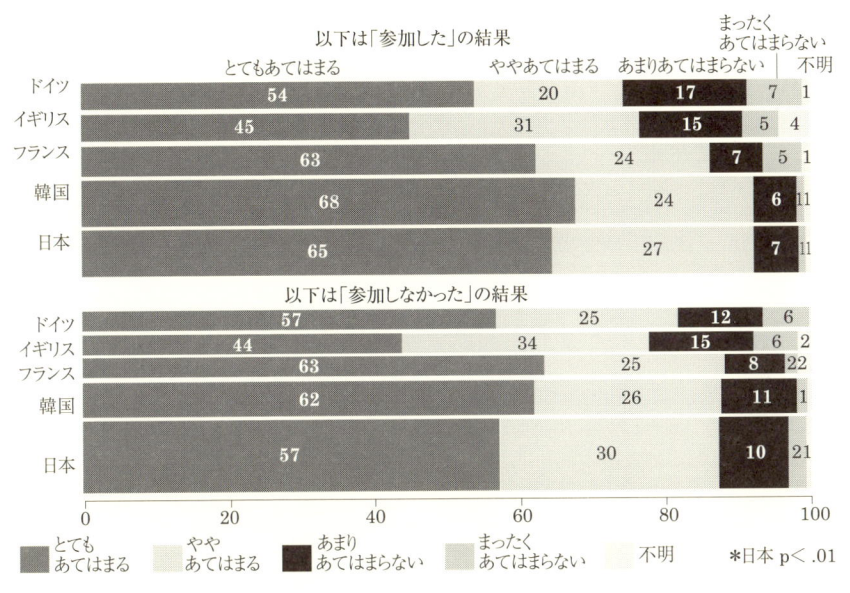

第5章　国際比較調査からみた放課後活動の実態と効果　119

図5-17　放課後参加の有無別にみた「近所の人にあいさつできる」

以下は「参加した」の結果

国	とてもあてはまる	ややあてはまる	あまりあてはまらない	まったくあてはまらない	不明
ドイツ	54	20	17	7	1
イギリス	45	31	15	5	4
フランス	63	24	7	5	1
韓国	68	24	6	1	1
日本	65	27	7	1	1

以下は「参加しなかった」の結果

国	とてもあてはまる	ややあてはまる	あまりあてはまらない	まったくあてはまらない	不明
ドイツ	57	25	12	6	
イギリス	44	34	15	6	2
フランス	63	25	8	2	2
韓国	62	26	11	1	
日本	57	30	10	2	1

＊日本 p＜.01

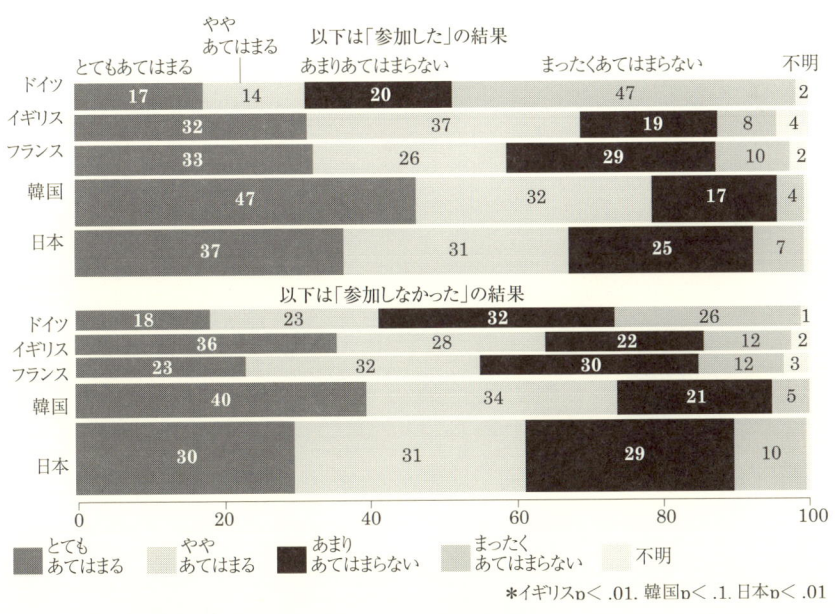

図5-18　放課後参加の有無別にみた「初対面の人とでもすぐに話ができる」

以下は「参加した」の結果

国	とてもあてはまる	ややあてはまる	あまりあてはまらない	まったくあてはまらない	不明
ドイツ	17	14	20	47	2
イギリス	32	37	19	8	4
フランス	33	26	29	10	2
韓国	47	32	17	4	
日本	37	31	25	7	

以下は「参加しなかった」の結果

国	とてもあてはまる	ややあてはまる	あまりあてはまらない	まったくあてはまらない	不明
ドイツ	18	23	32	26	1
イギリス	36	28	22	12	2
フランス	23	32	30	12	3
韓国	40	34	21	5	
日本	30	31	29	10	

＊イギリス p＜.01, 韓国 p＜.1, 日本 p＜.01

とのコミュニケーションの構築に自信を有する様子がうかがえる。

　これは放課後活動を通じて，前述のように異年齢の児童同士の交流や保護者や地域の指導者，助言者等の交流の機会が増加するため，子ども同士や子どもと大人とのコミュニケーションの経験を蓄積することによる効果の表れとみることもできるであろう。イギリスの場合，「とてもあてはまる」の割合は，非参加群の児童に若干多いが，「ややあてはまる」も含めた肯定的回答率は，やはり参加群の児童に多く，日本や韓国と同様の傾向がみられることより，前述の解釈はある程度妥当性があるといえよう。

e　子どもの共生観との関連

　人間は社会的な動物であり，1人では生きられない存在である。ところが近年，友だちや知人の気持ちをおもんぱかったり，ともに行動・共感し合うことのできない児童が増えているとの指摘がある。また，将来の職業についても希望や意欲をもてない児童が多くあるとの指摘もみられる。児童の共生観をいか

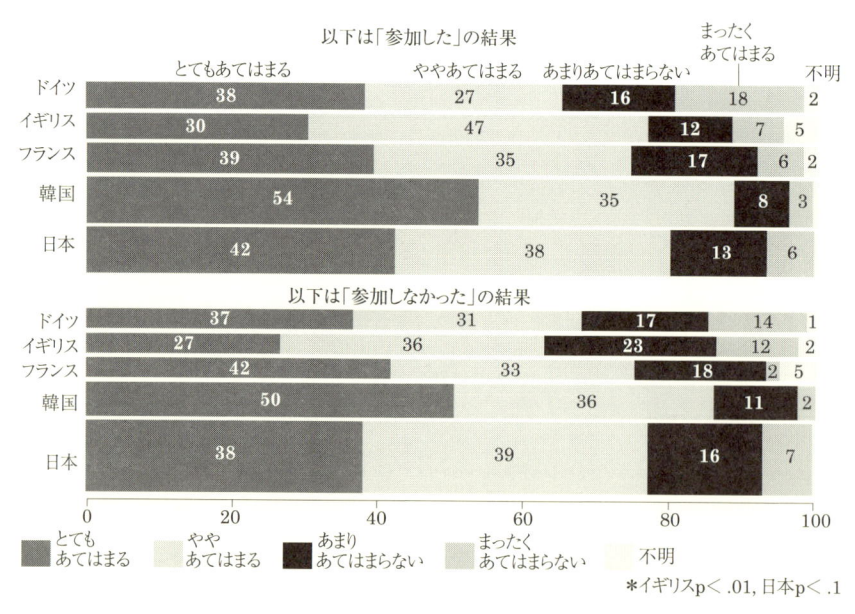

図5-19　放課後参加の有無別にみた「無視されている人が心配」

に育むかは,いずれの国にとっても重要な課題である。

今回の分析結果では強い関連とまではいえないが,放課後活動と児童の共生観との間に関連が見出された。図5-19は共生観をとらえるために設定した「人から無視されている人のことが心配になる」の記述に対する国別・放課後活動の有無の分析結果である。イギリス($p<.01$),日本($p<.1$)については統計的有意差も確認された。イギリス,日本ともに放課後活動群の児童は,非活動群の児童に比して無視されている友人に対し,心配と思う傾向が認められる。

f 児童の職業観との関連

職業観に関する項目として,ここでは「自分にはなりたい職業や,やってみたい仕事がある」「大人になったら仕事をするべきだと思う」「できれば,社会や人のためになる仕事をしたいと思う」の3項目を設定した。分析の結果,図5-20はドイツ,フランスで有意差があり,図5-21は韓国,日本の児童で有意差がみられた。「なりたい職業がある」や「社会や人のためになる仕事がし

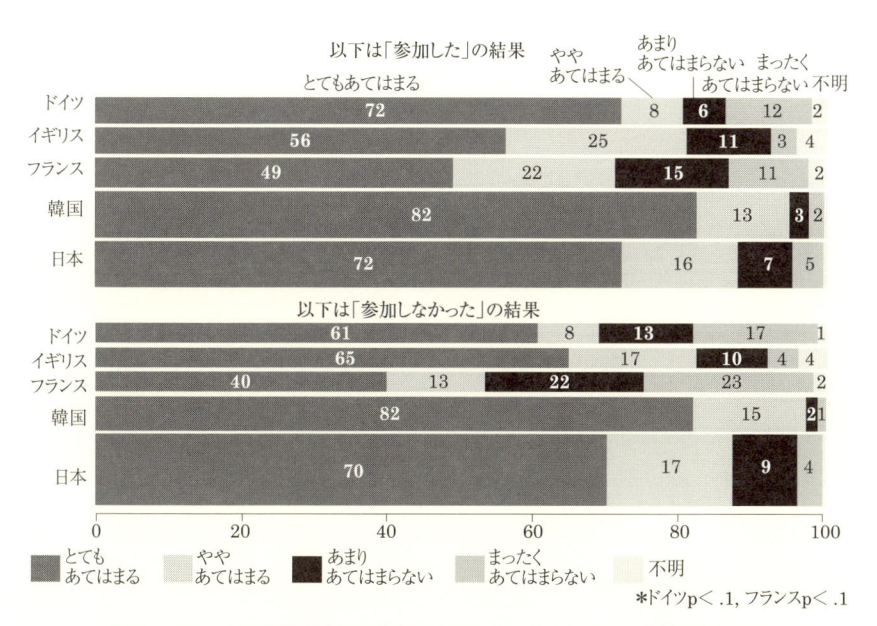

	とても あてはまる	やや あてはまる	あまり あてはまらない	まったく あてはまらない	不明
以下は「参加した」の結果					
ドイツ	72	8	6	12	2
イギリス	56	25	11	3	4
フランス	49	22	15	11	2
韓国	82		13	3	2
日本	72	16	7		5
以下は「参加しなかった」の結果					
ドイツ	61	8	13	17	1
イギリス	65	17	10	4	4
フランス	40	13	22	23	2
韓国	82		15	2	1
日本	70	17	9		4

＊ドイツ$p<.1$,フランス$p<.1$

図5-20 放課後参加の有無別にみた「なりたい職業がある」

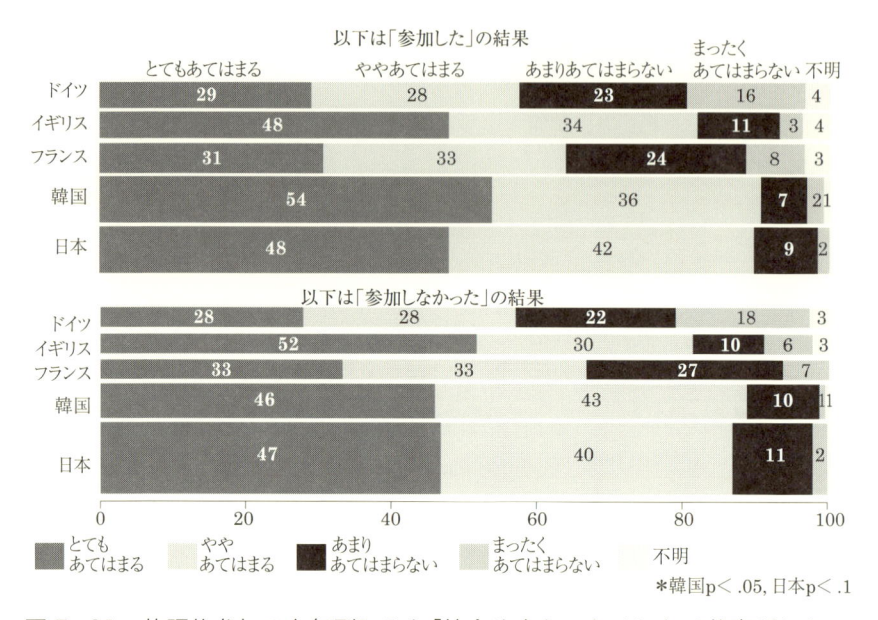

図5-21 放課後参加の有無別にみた「社会や人とのためになる仕事がしたい」

たい」といった意識は，有意差のみられる国はいずれも放課後参加群の児童に肯定的回答率が高い結果となった。

現在，日本の15〜39歳の若年無業者数は，総務省統計局の「労働力調査」によれば2010（平成22）年度で約810,000人に達している[7]。また内閣府が2010年に実施した「若者の意識に関する調査（ひきこもりに関する実態調査）」によれば，ほとんど家から出ない狭義のひきこもり群と自分の趣味に関する用事以外はほとんど家を出ないひきこもり群をあわせた広義のひきこもり数は，約700,000人に達すると推定される[8]。さらに近年，「なりたい職業がある」という意識のある青少年は，減少傾向にあることも指摘される[9]。

児童期の放課後活動への参加が，児童の職業観を高める効果もあるとすれば，日本の若年無業者やひきこもりの増加といった深刻な社会問題の解決や，その予備群ともいえる「なりたい職業がない」青少年の増加に歯止めをかけるという意味で，放課後活動の展開はきわめて重要な意義を有するものになるといえよう。

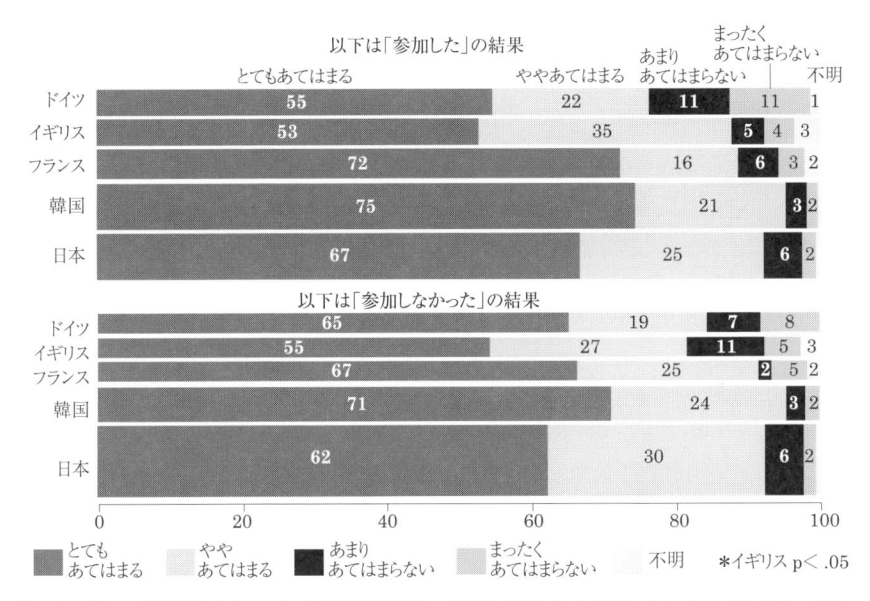

図5-22 放課後参加の有無別「電車等で高齢者や体の不自由な人に席をゆずる」

以下は「参加した」の結果

国	とてもあてはまる	ややあてはまる	あまりあてはまらない	まったくあてはまらない	不明
ドイツ	55	22	11	11	1
イギリス	53	35	5	4	3
フランス	72	16	6	3	2
韓国	75	21	3	2	
日本	67	25	6	2	

以下は「参加しなかった」の結果

国	とてもあてはまる	ややあてはまる	あまりあてはまらない	まったくあてはまらない	不明
ドイツ	65	19	7	8	
イギリス	55	27	11	5	3
フランス	67	25	2	5	2
韓国	71	24	3	2	
日本	62	30	6	2	

*イギリス p<.05

g 子どもの規範意識や文化的作法・教養との関連

さらにここでは子どもの規範意識や文化的作法・教養との関連を分析した。表5-4に示すように6項目中，5項目においていずれかの国で放課後参加の有無別クロスの統計的有意差が認められた。

図5-22は規範意識をとらえるために設定した「電車やバスにのったとき，高齢者や身体の不自由な人に席をゆずる」に対する分析結果であり，図5-23は，文化的作法・教養をとらえるために設定した「自分の国の昔話を話すことができる」に対する分析結果である。図5-22はイギリスの場合に有意差があり（p <.05），図5-23は韓国，日本（p <.01）の場合に有意差がみられた。回答傾向はこれまでと同様の方向性を示しており，放課後参加群は非放課後参加群の児童より，規範意識や文化的作法・教養についても高い傾向がみられる。

	とてもあてはまる	ややあてはまる	あまりあてはまらない	まったくあてはまらない	不明
以下は「参加した」の結果					
ドイツ	41	26	16	15	2
イギリス	26	28	24	18	4
フランス	30	24	29	15	2
韓国	45	37	13	3	1
日本	24	33	28	14	
以下は「参加しなかった」の結果					
ドイツ	50	20	15	13	2
イギリス	27	22	22	27	2
フランス	30	23	25	20	2
韓国	37	38	21	3	1
日本	20	31	32	16	1

*韓国 p＜.01, 日本 p＜.01

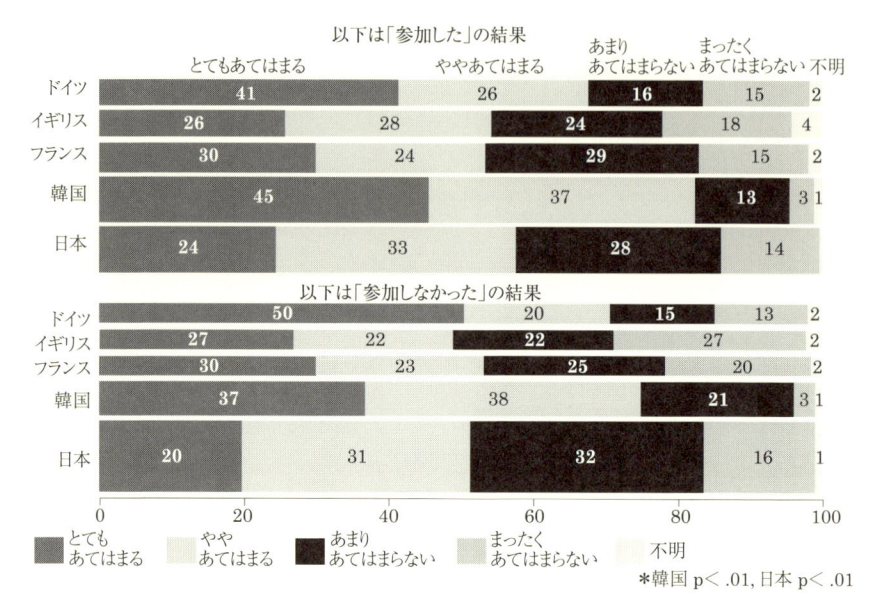

図5-23 放課後参加の有無別にみた「自国の昔話を話せる」

h 児童対象国際比較調査のまとめにかえて

　放課後活動の実施が，児童の自尊感情等の内面的意識や，人間関係能力や規範意識など対個人，対社会に対する意識にいかなる影響を及ぼすのかという関連の分析は，本研究では十分とはいえない。放課後活動には多様な要因が関連していると想定されるが，それらの検討はここではほとんど行えなかったためであり，また有意抽出による調査にとどまるためである。したがって，繰り返し述べるように本分析のみであまり断定的な結論を述べるべきでないことはいうまでもない。

　その限界をふまえたうえで，あえて本研究の成果を述べるとすれば，少なくともここでの分析結果は，放課後活動実施の意義を裏づける1つの参考資料になることは間違いないといえよう。国による違いがあるものの，いずれの国でも放課後活動と関連の認められる項目は，参加群の児童のほうが非参加群の児童に比べて高い肯定的回答が示されたためである。

　放課後活動の実態や効果に関する研究は，イギリスやドイツ政府の委嘱研究

において実証的研究が始められている[10]。しかし，それらの研究においても，放課後活動への参加が，児童の多面的な意識向上につながるという解明はまだ少ない。

今後も，放課後活動の効果に関する実証的研究の蓄積が重要と考えられる。そうした研究の積み上げや，さらなる児童の放課後活動支援の国際比較研究の進展によって，多様な放課後活動の推進が，国の相違を超えて児童の人間形成上，きわめて重要な取り組みとして位置づけられる可能性が高いと筆者は考えるためである。

そうしたエビデンスの提示は，今日の教育学研究には強く求められており，放課後活動を研究対象とする研究もその例外ではない。本研究を端緒として，今後の放課後活動の実態と効果を明らかにする研究の蓄積が，児童にとって有意義で，かつ児童自身が楽しい放課後活動につながってくれることを切に願う。

4 調査結果からみた日本の子どもの特徴と課題

この節では，放課後活動の実態や意義を探るという本来の趣旨からは少し離れて，諸外国との比較によってみえてくる日本の子どもの特徴と課題について紹介していく。すでに述べたように，この放課後活動調査の回答者は統計的な確率抽出法によって選び出されたわけではない。そこであまり細かな差異に目を向けたり，統計的な有意差の検定を行ったりはせずに，結果の大まかな数値やクロス集計等から浮かび上がってくる傾向が，日本と他国とでは大きく異なる点についてみていこう。

たとえば図5-24は「自分のことが好きである」という項目に対する回答である。「とてもあてはまる」の割合は，他国の37％（フランス）から58％（イギリス）に対して日本は18％であり，諸外国と比べて19から40ポイントも低い。一方で，「まったくあてはまらない」という回答の割合は他国の1％（フランス）から5％（ドイツ）に対して日本は11％とやや多いようである。図中に「参考（日本調査）」として示したのは，2009（平成21）年秋に独立行政法人国立青少年教育振興機構が統計的に厳密な手続きに従い，全国の公立学校の児童・生徒を対象に放課後活動調査と同じ調査項目を用いて実施した「子どもの体験活動の

	とてもあてはまる	ややあてはまる	あまりあてはまらない	まったくあてはまらない／不明
ドイツ	51	24	19	5
イギリス	58	31	6	3
フランス	37	48	13	1
韓国	54	36	8	2
日本	18	38	33	11

参考（日本調査）

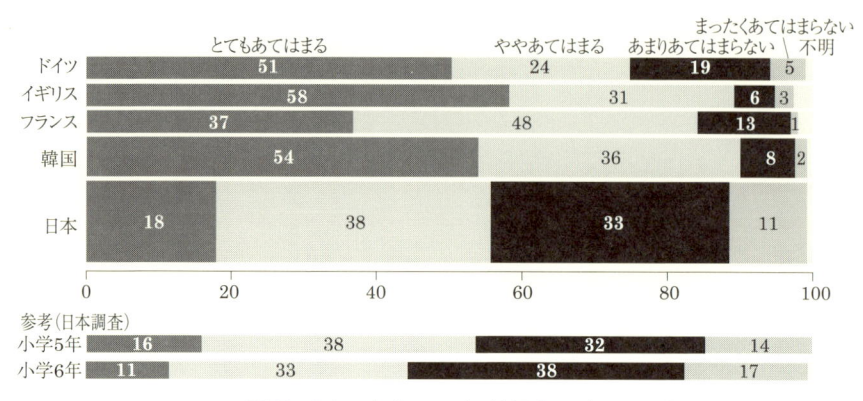

小学5年	16	38	32	14
小学6年	11	33	38	17

図5-24　自分のことが好きである

実態に関する調査」の結果である[11]。放課後活動調査における日本の回答者の結果と大きくは異ならず，「自分のことが好きである」が「とてもあてはまる」という日本の子どもの割合は，放課後活動調査の18％よりもむしろ少ないぐらいである。

　このように「とてもあてはまる」のみに着目し，諸外国と日本との間で割合の差を示したものが図5-25である。たとえば先に紹介した「自分のことが好きである」については，日本は他国よりも「とてもあてはまる」が19～40ポイント低かったので，これを図中に−19～−40までの線分として示した。

　「自分にはなりたい職業や，やってみたい仕事がある」や「できれば，社会や人のためになる仕事をしたいと思う」「大人になったら仕事をするべきだと思う」といった仕事観については，日本は他の4カ国よりも場合によっては10～20ポイント高く，将来の仕事に対する意識の高さがうかがえる。また「悲しい体験をした人の話を聞くとつらくなる」や「近所の人にあいさつができる」「初めて会った人ともすぐに話ができる」「人から無視されている人のことが心配になる」「電車やバスに乗ったとき，高齢者や身体の不自由な人には席をゆずろうと思う」といった対人関係についても，日本は他の4カ国とは大差ないようである。しかし一方で，「他人をいじめている人がいると，腹が立つ」や「けんかをした友だちを仲直りさせることができる」といった対人関係のなかでもトラブルが絡んでくると，日本は他国よりも10～20ポイント

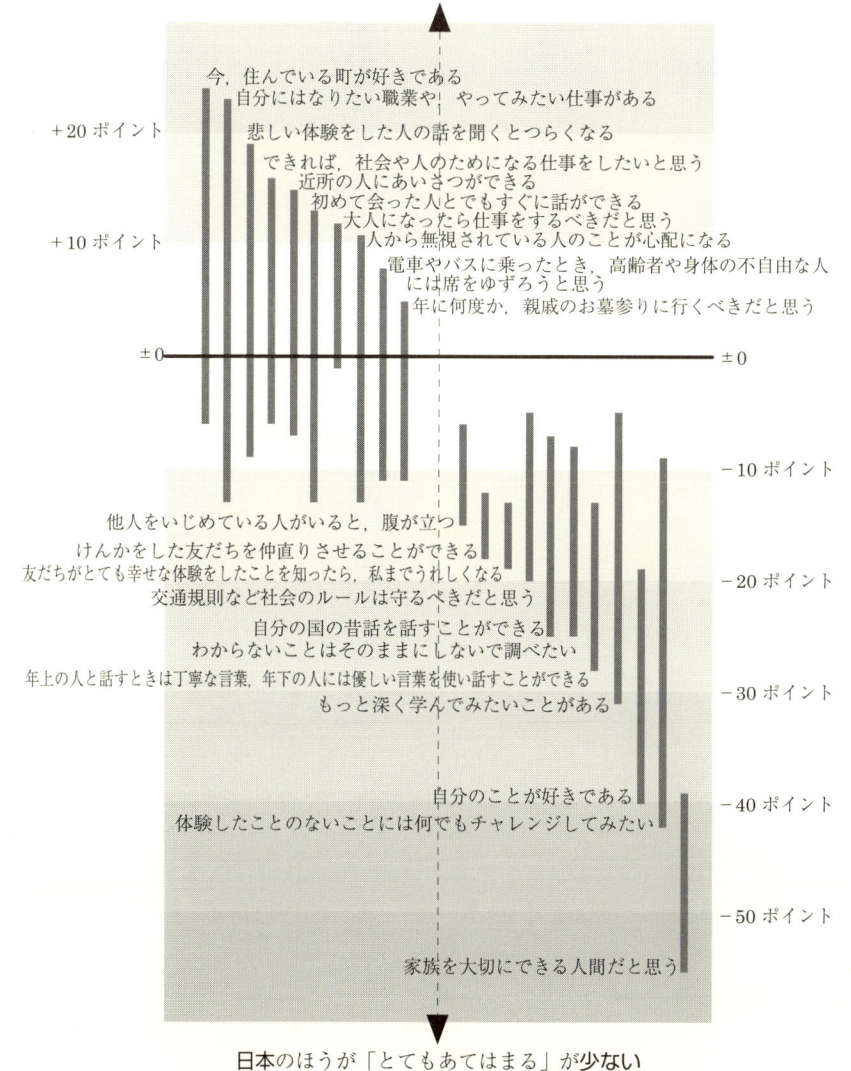

図5-25 他国と比べた日本

日本のほうが「とてもあてはまる」が多い

- +20ポイント
- +10ポイント
- ±0
- −10ポイント
- −20ポイント
- −30ポイント
- −40ポイント
- −50ポイント

今,住んでいる町が好きである
自分にはなりたい職業や,やってみたい仕事がある
悲しい体験をした人の話を聞くとつらくなる
できれば,社会や人のためになる仕事をしたいと思う
近所の人にあいさつができる
初めて会った人とでもすぐに話ができる
大人になったら仕事をするべきだと思う
人から無視されている人のことが心配になる
電車やバスに乗ったとき,高齢者や身体の不自由な人には席をゆずろうと思う
年に何度か,親戚のお墓参りに行くべきだと思う

他人をいじめている人がいると,腹が立つ
けんかをした友だちを仲直りさせることができる
友だちがとても幸せな体験をしたことを知ったら,私までうれしくなる
交通規則など社会のルールは守るべきだと思う
自分の国の昔話を話すことができる
わからないことはそのままにしないで調べたい
年上の人と話すときは丁寧な言葉,年下の人には優しい言葉を使い話すことができる
もっと深く学んでみたいことがある
自分のことが好きである
体験したことのないことには何でもチャレンジしてみたい
家族を大切にできる人間だと思う

日本のほうが「とてもあてはまる」が少ない

低い。また,「体験したことのないことには何でもチャレンジしてみたい」や「もっと深く学んでみたいことがある」「わからないことはそのままにしないで

調べたい」といった自発性・積極性を問う項目については，日本は他国と比べて10〜40ポイント低く，物事に対して積極的な姿勢をもつ子どもが日本には少ないことが目立つ。さらに「家族を大切にできる人間だと思う」については，日本は他国と比べて40〜50ポイントも低い。

　以上のような対人関係観や積極的な態度の育成に，放課後活動の充実が一定の役割を果たすのではないかということは，これまでみてきたとおりである。それと同時に，この後紹介していくように，学校の成績と子どもの意識とが日本は他国と比べてより幅広い面において関連しているようである。図5-26は，「あなたは自分で学校での成績はどのくらいだと思いますか」という質問に対する回答と「体験したことのないことには何でもチャレンジしてみたい」に対する回答とのクロス集計結果である。学校の成績は子どもの自己評価ではあるが，日本では成績が上位であるほど「とてもあてはまる」という積極的な回答

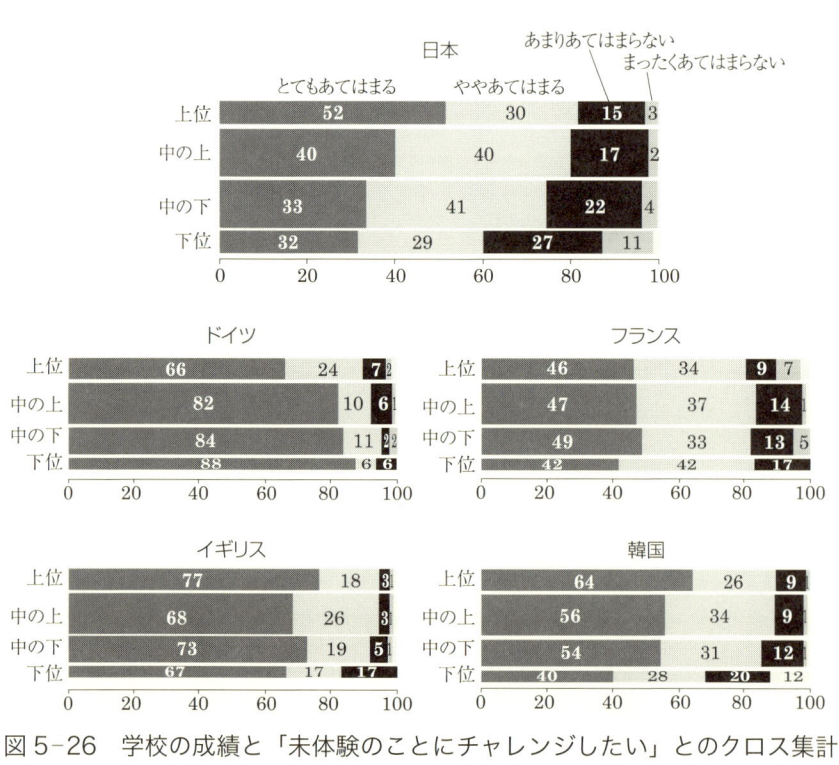

図5-26　学校の成績と「未体験のことにチャレンジしたい」とのクロス集計

が多い。しかし他国では，クロス集計でみられる傾向は国によってかなり異なる。ドイツでは成績が下位であるほど「とてもあてはまる」という回答が多く，フランスとイギリスでは学校の成績との関連はあまりなさそうである。韓国は日本と同様に成績が上位であるほど「とてもあてはまる」という回答が多い。

このような，学校の成績と他の調査項目との関連の有無や方向をひと目でみられるようにするため，図 5-25 に示した 21 項目それぞれについて，学業成績の上位と下位の間で「とてもあてはまる」の割合の差を求めたものが図 5-27 である。

たとえば「体験したことのないことには何でもチャレンジしてみたい」については，学業成績の上位と下位の間で「とてもあてはまる」の割合の差は日本では 52% − 32% = 20 ポイントであり，ドイツでは 66% − 88% = −22 ポイントであった。これらが図 5-27 では白丸で示されている。図 5-27 の黒丸はそれ以外の 20 項目であり，日本では学校の成績の上位・下位間でもっとも差が大きいのは「もっと深く学んでみたいことがある」の 33 ポイント差（上位 63%，下位 30%）であった。

日本では 21 項目すべてにおいて，学校の成績が上位である子どものほうが

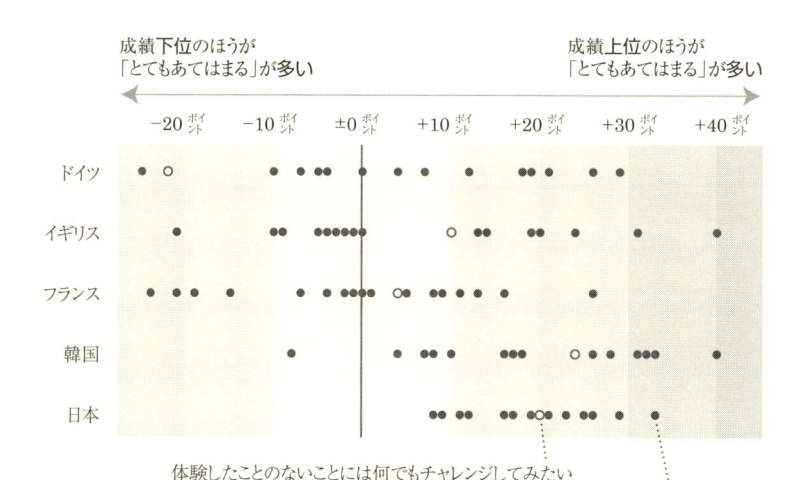

図 5-27　成績の上位・下位間での「とてもあてはまる」の差

「とてもあてはまる」の割合が高い。韓国も1つの項目（「年に何度か，親戚のお墓参りに行くべきだと思う」が上位は48%，下位は56%）を除き，日本と同様の結果である。しかしドイツ，イギリス，フランスでは学校の成績が下位の子どものほうが「とてもあてはまる」の割合が高い項目も少なくない。たとえば「けんかをした友だちを仲直りさせることができる」が「とてもあてはまる」という子どもは，日本では成績上位（28%）のほうが成績下位（17%）と比べて11ポイント多いが，ドイツでは逆に成績下位（56%）のほうが成績上位（31%）よりも25ポイント多く，イギリスは4ポイント（上位は38%，下位は42%），フランスは19ポイント（上位は31%，下位は50%）成績下位のほうが「とてもあてはまる」が多い。あるいは「友だちがとても幸せな体験をしたことを知ったら，私までうれしくなる」が「とてもあてはまる」という子どもは，日本では成績上位（41%）のほうが成績下位（25%）よりも16ポイント多いが，ドイツでは10ポイント（上位は53%，下位は63%），イギリスでは1ポイント（上位が57%，下位が58%），フランスでは7ポイント（上位が51%，下位が58%）成績下位のほうが多い。このように日本や韓国では学校の成績が上位である子どもほど望ましい回答をする傾向があり，学校の成績を基軸として回答が単一化しているのに対し，ドイツ，イギリス，フランスでは学校の成績と他の項目に対する回答との関係はそれほど単純ではなく，学校の成績にかかわらず多様な回答が認められる[12]。

　しかし，だからといって日本の子どもが，勉強をして学校の成績さえよければ幸せな将来が約束されていると考えているわけでは必ずしもなさそうである。図5-28は「学校の成績がよいと，将来幸せになれる」と「学校の成績がよいことと，将来の幸せは関係ない」の2つの回答選択肢のうち，自分の考えに近い方を選んでもらった結果である。日本を除く他の4カ国では，7割前後の子どもが「学校の成績がよいと，将来幸せになれる」を選んでいるのに対し，日本でこの選択肢を選んだ子どもは34%にとどまり，逆に「学校の成績がよいことと，将来の幸せは関係ない」が66%と3分の2を占める。図中に「参考（日本調査）」として示した国立青少年教育振興機構の調査でも，「学校の成績がよいと，将来幸せになれる」という回答は3割前後にとどまる。

　さらに，日本の子どもの学業に対するこのような無用感は，成績の上位・下

第5章 国際比較調査からみた放課後活動の実態と効果　131

	学校の成績がよいと，将来幸せになれる	学校の成績がよいことと，将来の幸せは関係ない
ドイツ	71	28
イギリス	77	21
フランス	73	26
韓国	67	33
日本	34	66

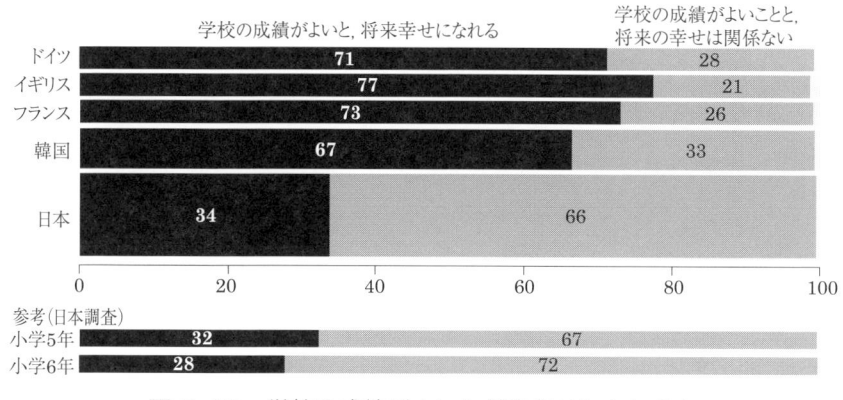

参考（日本調査）
小学5年	32	67
小学6年	28	72

図 5-28　学校の成績がよいと将来幸せになれるか

	学校の成績がよいと，将来幸せになれる	学校の成績がよいことと，将来の幸せは関係ない
上位	35	65
中の上	36	64
中の下	32	67
下位	31	69

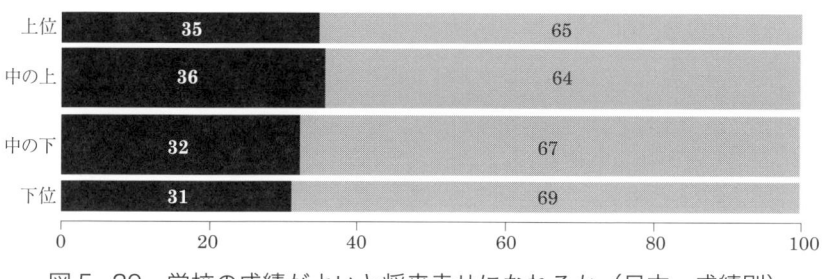

図 5-29　学校の成績がよいと将来幸せになれるか（日本・成績別）

位にかかわらず一様にみられる。図 5-29 は日本の子どもについて，自己申告による学校の成績と「成績がよいと将来幸せになれるか」への回答とのクロス集計を行った結果である。成績が上位であっても「学校の成績がよいと，将来幸せになれる」という回答は 35％でしかなく，成績が下位の 31％と大差ない。

また図 5-30 は「学校での授業のほか，勉強する時間が 1 日にどれくらいありますか？（塾に行っている人は，塾の時間を含めて考えてください）」に対する回答と，「成績がよいと将来幸せになれるか」への回答とのクロス集計結果である。勉強時間が「まったくない」は別として，それ以外の勉強時間では，「学校の成績がよいと，将来幸せになれる」の割合は，勉強時間の長短にかかわらず 3 人に 1 人でほぼ一定している[13]。

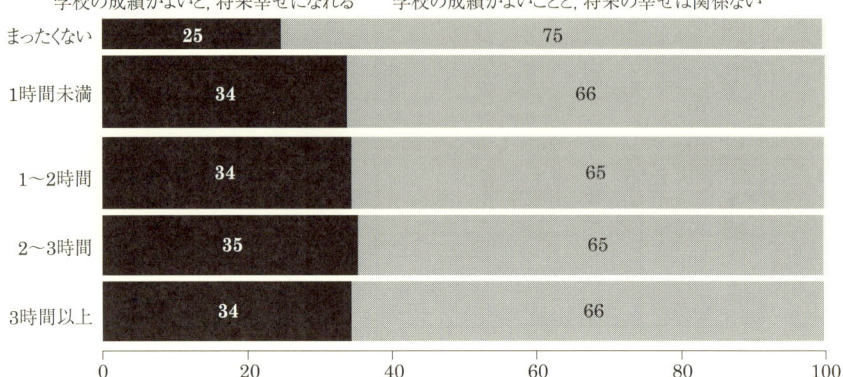

	学校の成績がよいと,将来幸せになれる	学校の成績がよいことと,将来の幸せは関係ない
まったくない	25	75
1時間未満	34	66
1～2時間	34	65
2～3時間	35	65
3時間以上	34	66

図5-30　学校の成績がよいと将来幸せになれるか（日本・勉強時間別）

	学校の成績がよいと,将来幸せになれる	学校の成績がよいことと,将来の幸せは関係ない
まったくない	50	50
1時間未満	54	46
1～2時間	62	37
2～3時間	70	29
3時間以上	70	30

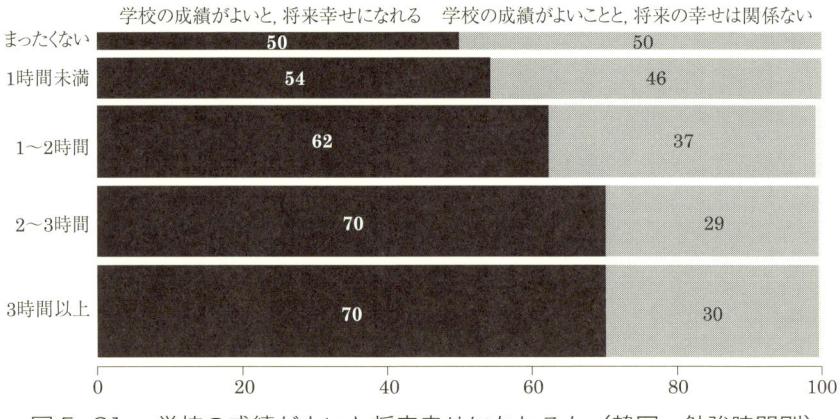

図5-31　学校の成績がよいと将来幸せになれるか（韓国・勉強時間別）

　ちなみに図5-31は，韓国の子どもについて，勉強時間と「成績がよいと将来幸せになれるか」とのクロス集計を行った結果である。勉強時間が長い子どもほど「学校の成績がよいと，将来幸せになれる」という回答の割合が多くなっており，同様の傾向は他のドイツやイギリス，フランスでもみられる。つまり日本を除く他の4カ国では，将来の幸せが勉強を動機づける1つの要因となっているということが推察される。

　図5-25でみられた日本の子どもの積極的な姿勢の欠如や，図5-28でみられた学業についての無用感に通底するのは，一種のあきらめであろうか。図5

-32は,「がんばってもうまくいかないこともある」と「どんなことも,あきらめずにがんばればうまくいく」の2つの回答選択肢のうち,自分の考えに近いほうを選んでもらった結果である。「がんばってもうまくいかないこともある」を選んだのは,日本を除く他の4カ国では18%(イギリス)から36%(フランス)と少数意見であるのに対し,日本は46%と半数に近い。図中に「参考(日本調査)」として示した国立青少年教育振興機構の調査でも,半数の子どもが「がんばってもうまくいかないこともある」としている。

このような「がんばってもうまくいかないこともある」という醒めた見方は,一般に年齢が上がるとともに増えていく[14]。つまり「がんばってもうまくいかないこともある」と考えている子どもが日本は他国よりも多いという結果は,日本の社会全体が成熟した「大人」の社会となっていることを示す結果ととらえることもできるかもしれない。しかし「どんなことも,あきらめずにがんばればうまくいく」と考えている子どもが,小学校の段階においてすでに半数に過ぎないという現状は,活力の衰えた日本の将来を予見させるものであり,決して望ましい状況とはいえない。放課後活動の充実を含めて,何らかの対応策を考えていくことが課題であろう。

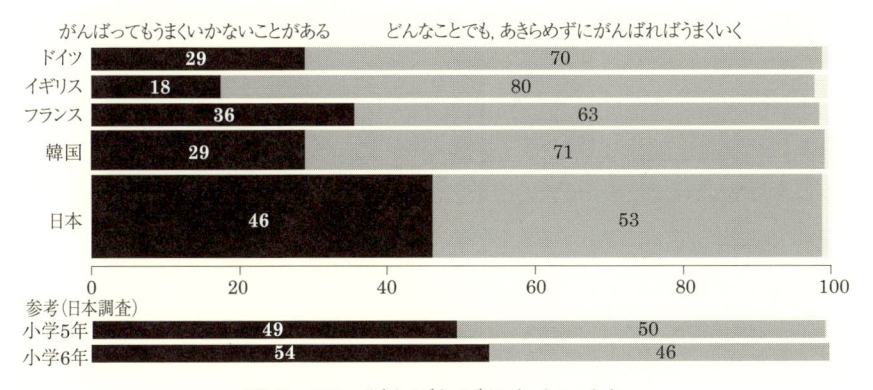

参考のため,「がんばればうまくいくか」という項目と,他のいくつかの項目とのクロス集計の結果を図5-33に示した。放課後活動に参加した時間が長いほど,「どんなことも,あきらめずにがんばればうまくいく」という回答が多い。また1日のテレビの視聴時間が短いほど,さらにテレビゲームやコン

図5-32 がんばればうまくいくか

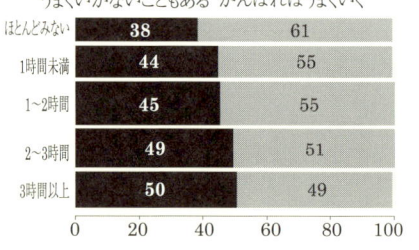

ピューターゲーム，インターネットの利用頻度が少ないほど「どんなことも，あきらめずにがんばればうまくいく」という回答が多い。もちろん，放課後活動への参加時間を増やしたり，テレビやゲームへの過剰な接触を制限すれば，「どんなことも，あきらめずにがんばればうまくいく」と考える子どもが多くなるというような単純な因果の構図をここで示そうとしているわけではない。紹介してきたのは調査結果で関連がみられたという単なる事実に過ぎず，それを素材としながら今後どのような方策が必要か考えていくことは，子どもにかかわるすべての人の見識に委ねられるべき事柄である。

なお，図5-32で，イギリスは「どんなことも，あきらめずにがんばればうまくいく」とした子どもの割合が80%であり，他の国と比べてもさらに高い。第二次大戦中の1941年，イギリスで当時のチャーチル首相が行った演説は今でも名言としてよく知られている。"Never give in, never, never, never,

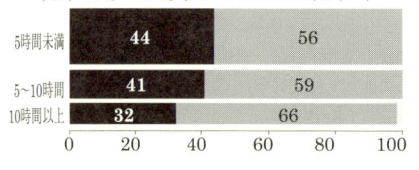

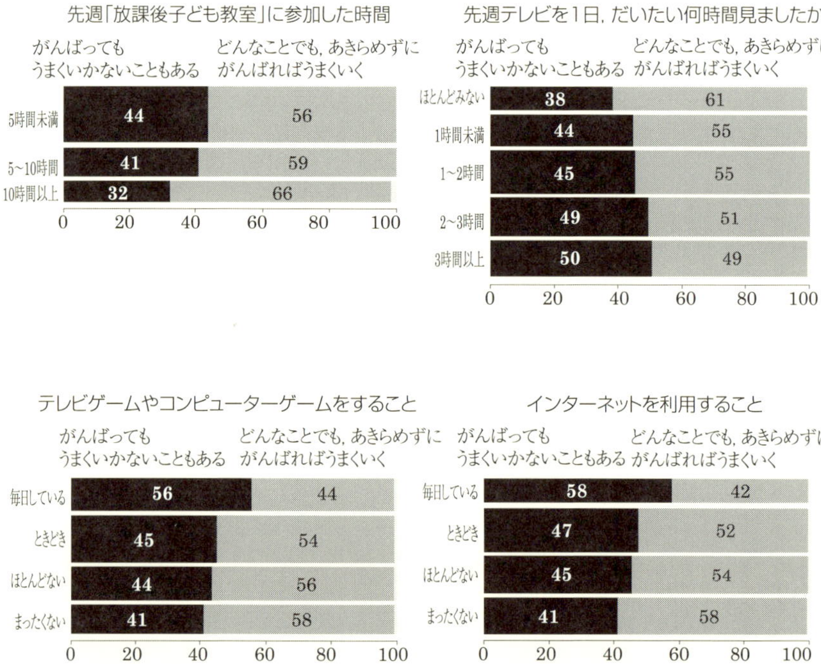

図5-33 「がんばればうまくいくか」とのクロス集計（日本）

never, in nothing great or small, large or petty, never give in except to convictions of honour and good sense." イギリスでは，この精神が今も伝統として引き継がれていると考えるのは穿ち過ぎだろうか。

注

1) ドイツ，フランスの調査票回収数が400サンプル未満にとどまった背景には，児童対象調査に対する国や州政府の規制の厳しさが関係している。ドイツ，フランスはともに，児童対象調査を実施する場合，児童の保護者から個別に同意を文書で得る必要がある。学校長等が調査の意義やその実施を認めても，保護者によっては児童の調査回答に同意しない場合も多い。
2) イギリス調査においてオンラインで調査票を提示して調査を実施し，有効回収票を得たサンプル数は，計89サンプルであった。
3) 独立行政法人青少年教育振興機構　2010　「子どもの体験活動の実態に関する調査研究」報告書
4) 調査結果のグラフは，いずれも帯の太さを回答者数の平方根に比例させている。したがって，回答者数のもっとも多い日本の帯グラフがもっとも太い形状を示している。
5) ベネッセ教育研究開発センター　2009　第2回こども生活実態基本調査，等調査参照。
6) 前掲，独立行政法人青少年教育振興機構　2010　「子どもの体験活動の実態に関する調査研究」報告書
7) 総務省統計局　2010　労働力調査
8) 内閣府　2010　若者の意識に関する調査（ひきこもりに関する実態調査）
9) 前掲，ベネッセ教育研究開発センター　2009　第2回こども生活実態基本調査
10) イギリスのオフステッド（Ofsted）の実施した2008年の小規模調査では，サンプルとなった学校において，朝食クラブが児童の出席，無遅刻，学校に対する姿勢や学習への準備（レディネス）に対してよい影響をもたらすとのエビデンスを示している。Ofsted(the Office for Standards in Education). *2008. How well are they doing ? The impact of children's centres and extended schools.*
　　さらにオフステッドは，児童の成果改善に効果的だった学校グループについて検証したところ，提供された一連の拡大サービスにより，健康的な食生活や定期的な運動の重要性に対する児童の認識が向上し，また，児童がさまざまな活動を楽しみ，自分の能力により自信をもつことができるようになったことを報告している。Ofsted. 2006 *Extended services in schools and children's centres.*
　　ドイツ連邦では，全日制学校に関する実証的研究を2008年より実施している。Holtappels, H.G., Klierne, E., Rauschenbech, T. & Stecher, L.(Hrsg.). 2008. Ganztagsschule in Deutschland Ergebnisse der Ausgangserhebung der Studie zur Entwickiung von Ganstagsschulen(StEG).
　　さらに，ドイツ連邦教育省は，上記の研究をさらに継続して2010年に情報公開を行っている。http://www.bmbf.de/de/1125.php 参照。
11) http://www.niye.go.jp/kenkyu_houkoku_cross/seishounen_chousa/
12) ただしドイツ，イギリス，フランスは日本や韓国よりも回答者数が少なく，結果が安定していないために図5-27のような結果が得られたという可能性もある。
13) 国立青少年教育振興機構の調査においても，勉強時間との関連はほとんどみられない。「学校の成績がよいと，将来幸せになれる」を選んだのは，1日の勉強時間が「1時間未満」

　　　　では 27%，「3 時間以上」では 32% となっている．
14）たとえば国立青少年教育振興機構の調査では小学 5 年生が 49%，小学 6 年生が 54%，中学 2 年生が 67%，高校 2 年生が 76% であり，成人では 8 割を超えている．
　　　http://www.niye.go.jp/kenkyu_houkoku_cross/seishounen_chousa/
　　　http://www.niye.go.jp/kenkyu_houkoku_cross/seijin_chousa/

おわりに

1 子どもの放課後は先発国がかかえる共通の課題

　子どもの放課後は今や日本だけの問題ではない。先発国がかかえる問題となっている。TBSの記者川上敬二郎は著書『子どもの放課後を救え！』(文藝春秋，2011) のなかで，これまでは「放課後」という言葉で検索をするといかがわしいタイトルしか出てこず，子どもの放課後は世間の関心に上ってきてなかった，という。仕方なく，2003年にアメリカに渡ってボストンやシカゴなどの大都市の放課後の調査を始めた。

　川上によれば，アメリカの放課後は青少年問題としてとらえられている。放課後は青少年の非行問題の発生源として考えられている。暴力と麻薬対策が念頭にある。だから，青少年の健全育成を図るために放課後の活動が考えられる。対象はどちらかといえば，中高校生が中心になる。

　今回調査の対象にしたドイツ，フランス，イギリス，韓国の放課後が政府レベルで関心をもたれ始めたのもここ10年の間である。子どもの放課後問題はきわめて新しいテーマではある。しかし，冒頭に指摘したようにアメリカも含めて先発国の位置づけは異なるものの，国・都市は放課後を施策のなかに取り入れている。

　これは，子ども問題は従来の学校観だけではとらえきれないことを意味する。

　子どもの成長は学校に任せなさい，というのが韓国といった儒教をベースにした国の学校観であった。それが放課後活動も視野に入れないと子どもの成長を保障しきれなくなっている。

　韓国は「放課後学校」というように従来の学校の機能をさらに進化させ延長しよう，とする。社会が求める人材の育成には画一的になりがちな学校教育では対応できない。と同時に，私教育費の増大が家計を苦しめ，経済格差が教育格差を生じさせている。さらに，地域格差が教育格差を生み，格差社会をつくり上げつつある。韓国はこうした問題を解決するものとして子どもの放課後を考えている。

　ドイツやイギリス，フランスの欧州は，本来学校の機能を限定してとらえて

いた。

　ドイツは半日学校である。午前中に学校に行き，午後は家庭と地域（教会など）に任されていた。それが全日学校に大転換をした。学校社会を放課後までに延長したのである。学校の機能をきわめて限定していたドイツが直接には PISA ショックを受け，学力を向上させるために学校の機能を延長した。

　と同時に，ドイツとフランスは移民者が多い。移民が社会問題，政治問題として浮かび上がっている。移民者は言語と文化と学力においてハンディをもっている。その保障として放課後の学校を用意する。

　フランスは，これまで独自の放課後の施策をとってきていた。しかし，それだけでは，フランスの教育格差の是正は不十分である。従来の社会教育が担ってきた放課後の施策でなく，学校を単位とした放課後施策が行われている。フランスも移民が多く，学校単位での言語と文化と学力のハンディを補おうとする。

　イギリスは労働党から保守党の連立に政権が変わり，放課後施策の予算の削減が始まっている。しかし，それでも地域格差と経済格差から生まれる教育格差是正の施策は進められている。貧困層の人たちが多い地域での教育的な保障事業が取り入れられている。

　これまでで明らかになったことは次の2つである。
　①従来の学校観だけでは子どもの成長を保障できなくなった。新しい学校の機能の賦与が始まる。
　②経済格差・地域格差が教育格差を生む。放課後を教育格差是正としてとらえ始めている。

2　5カ国調査からみた日本の子どもの特徴は何か

　5カ国の子どもの調査を実施した。そのなかから日本の子どもの特徴が浮かび上がる項目に注目すると，次のような姿が浮かんでくる。
　①日本の子どもは5カ国中，自尊感情が低い傾向にある
　　「自分が好きである」項目で「とてもそうである」と答えた者は18％にとどまる。他国は日本の子どもの2，3倍に達する。学校の成績で「上位」と答える者は「好き」が10％にとどまる。他の4カ国はほぼ2割を占める。

②日本の子どもは5カ国中，関心意欲が低い傾向にある

　「もっと深く学んでみたいことがある」(41%)，「体験したことがないことには何でもチャレンジしてみたい」(38%)，「わからないことはそのままにしないで調べたい」(30%) という問いに対して，「とても当てはまる」と答えた者がどの項目でも5カ国中いちばん低い。

③日本の子どもは5カ国中，文化作法・教養についても自信がない傾向にある

　「年上の人と話すときは丁寧な言葉，年下の人には優しい言葉を使って話すことができる」問いで，「とても当てはまる」と答えた者は37%にとどまる。これも5カ国中もっとも低い。

　日本の子どもたちは物事に対する意欲・関心が低く，他者とのつきあいが苦手で，自分を尊く思わず自信を失ってしまっている姿が浮かんでくる。国内だけでも世代論的な視点でこうした子どもたちの姿は指摘されてはいる。しかし，5カ国の比較でみると日本の「子どもの元気のなさ」は危機的な状況といえる。

3　日本版「放課後子どもプラン」の可能性

　日本は子どもの放課後の施策を2004 (平成16) 年から始めた。これは「地域子ども教室」と呼ばれていた。子どもの世界から放課後が失われたことに対して，地域で子どもの放課後の世話をしようとするものであった。

　それが，2007 (平成19) 年から名称を「放課後子どもプラン」と変え，文部科学省は厚生労働省と一体となって放課後活動を推進しようとする。地域子ども教室は「遊び」が中心であったが，放課後子どもプランは「遊び」だけでなく，「学習」や「保育」も可能となった。平たくいえば，遊んでもよいし，勉強してもよい，そして，預かってもよいということになった。

　日本の放課後子どもプランは他の4カ国とは異なる。多少は学校の延長は認めるが，子どもたちに豊かな放課後を提供しようとしている。子どもの放課後の体験格差が教育格差を生み始めている，という認識である。放課後子どもプランはこの体験格差是正をめざしている。

　その成果はどうなっているのであろうか。日本の子どもを対象に放課後子どもプランを体験した子どもとそうでない子どもにどんな「差異」がみられるか，

調査をした。データは割愛するが，次のようなエビデンスが得られた。

①放課後子ども教室への参加は，日本の子どもの自尊感情，意欲関心を高める効果がある。

②放課後子ども教室への参加は，日本の子どもの対人関係能力を高める効果がある。

③放課後子ども教室への参加は，日本の子どもの文化的作法や教養を高める効果がある。

このデータは東京都の子どもたちを対象にしている。きわめて限定されたものである。しかし，放課後子ども教室への参加の有無の効果を検証したケース・スタディにはなる。これからは，放課後子ども教室は子どもたちにどんなインパクトを与えるか，を意識した実証研究の積み重ねが必要である。

先発国は子どもの放課後においてかなり同じ問題を共有している。しかし，行われている施策は異なる。だから，どの施策がいちばんよいかは即断できない。というより，即断すべきではない。どの国にどの施策が有効かを提案すべきである。

そのためには，それぞれの国が独自の実証研究の枠組みを立てて検証しなければならない。そこで得られた知見をエビデンスとして提供し，シンポジウム等の議論をふまえ，次の施策の一助にすればよいのである。

2012 年 10 月
明石要一

〈座談会〉
児童の放課後活動の国際比較研究会

　本項は，これまでの研究において実施した海外4カ国の現地調査，および日本を含む5カ国の児童対象調査の結果をふまえて，研究に携わった共同研究者5人による座談会形式の検討会をまとめたものである。

　ここでは，諸外国の取り組む放課後活動支援の目的やそれを推進する背景にある社会的要因，日本の放課後活動支援の特徴や課題，調査結果に浮かび上がる児童の特徴，さらには今後に期待される方向性等を検討する。

左から，土屋隆裕，金藤ふゆ子，明石要一，岩崎久美子，結城光夫

ドイツ，イギリス，フランス，韓国の放課後活動の特徴

明石：まずはドイツの放課後活動をまとめていただけますか。

結城：放課後活動についてお話する前に，まずドイツと日本の教育行政組織の違いなどについて理解しておくことが必要と思います。

　　　いわゆる日本でいう学校外活動というものは，ドイツでは「教育研究省」が所管しているのではなくて，主として「家庭・高齢者・女性・青少年省」が所管しているという行政組織上の違いがあります。

　　　それから2つ目。これも行政組織の違いですけれども，日本の場合には学校における教育内容とか教科書といったような大枠を国が示して，これをふまえて地方の教育委員会が執行にあたりますけれども，ドイツの場合には16ある各州の所管の事務になっていること。したがって，ドイツの教育を理解するうえで，ドイツにおける教育の実態をひとくくりで語るのではなく，「ドイツの○○州では」と州ごとに語ることが必要だと思います。

明石：なるほどね。それがまずおもしろいですね。

結城：それからもう1つは，イギリスやフランスなどの西洋諸国共通の課題だと思いますけど，とくにドイツでは，中東など異なる文化的背景を有する人々が国民全体の20％弱を占めています。このような家庭の子どもたちに対するドイツ語教育の充実が，大きな課題になっています。学校や家庭で勉強の手助けを得られない子どもたちに，学校の在校時間を延長して宿題の指導や補習により，よい学習環境を提供することが，全日制学校のなかで，重要視されているということです。

明石：ありがとうございました。では，岩崎さん，フランスについてお願いします。

岩崎：フランスとドイツは同じヨーロッパ諸国の隣の国であり，似ているところも多いのですが，違うところもあります。たとえば，フランスがドイツと異なるのは，中央集権の行政制度にもとづいて施策がなされていることです。

　　　フランスの放課後活動は，子どもたちが学校に通学しない土曜日や

日曜日と宗教上の理由で学校のない水曜日に，余暇活動の一環として，市の余暇センターや，市で運営されているスポーツ施設などの社会教育施設で行われてきました。これらは，主に青少年スポーツ省の管轄でした。

　しかし，OECDによる「生徒の学習到達度調査」，いわゆるPISA（ピサ）といった国際比較学力調査やフランス国内の学力調査により，恵まれない地域の子どもたちの学力が定着していないことが明らかになると，このような子どもたちに対する学力向上のための放課後活動施策がとられるようになりました。このような施策は，宿題の手助けや学力保障を目的に主に学校で行われるものであり，国民教育省が管轄しています。

明石：ありがとうございました。では，金藤さん，イギリスについてお願いします。

金藤：イギリスもヨーロッパの一国でありますが，イングランド，スコットランド，ウェールズ，北アイルランドからなる，グレートブリテンおよび北アイルランド連合王国です。人口の約8割はイングランドが占めています。イギリスにおいては「extended school（拡大学校）」という表現が，労働党政権下で活用されておりましたが，2010年以降は「extended services（拡大サービス）」という名前に名称を変更しております。もともとはサッチャー政権以降から教育水準の向上を目標として導入されてきた，1つの教育施策です。1997～2010年まで続く労働党政権のなかで，教育が最優先課題と位置づけられ，この学校を中心とするさまざまなサービスが全国的に拡充されてきています。現在のところ，99％の小学校で実施されているという状況が報告されています。2011年5月の政権交代後は，国の教育水準補助金を廃止して地方に移譲し，各学校が必要に応じて，学校歳入のなかから予算を割り当てるかたちで，運営が進められています。

　イギリスの拡大学校，あるいは拡大サービスは，日本の放課後子ども教室といわれるものよりも，より広い内容を含んでいます。つまり児童生徒に対するさまざまな活動サービスだけではなくて，保育サー

ビスや育児支援，あるいは専門家，たとえば言語療法士などへの迅速な紹介，さらに地域の成人に対する教育プログラムの提供といったものまで含んでいます。学校を核として多様な教育と福祉サービスをしようとする取り組みだといえると思います。

明石：韓国についてですけど，今のドイツ，フランス，イギリスと同じように，教育格差を是正するというミッションをもっています。

　　　今から15年ほど前に韓国は放課後施策を始めました。それが2004年の大統領の提案で，放課後学校の設置が行われます。放課後子ども教室とか放課後クラブとかではなくて，放課後学校ということを明示したのです。そういう意味では，日本の文脈で考えると，学校の延長に位置づけられる。ドイツも全日制学校があります。

　　　もっとも教育格差が出やすいのは，学校教育っていうのが韓国の主張だと思うんです。それでいろいろな施策がありますけれど，絞ると3つあります。教育格差の場合に，もろに出るのは家庭格差であり，都市部では私立の教育や市の教育費がかさんでくるから，一部の富裕層だけが塾とかお稽古とかに行くので，ものすごく格差が広がり，学校教育でその格差を直していきましょうとなります。ですから，算数や国語などの補習授業をやるっていうのが出てまいります。その際には，塾側の批判もあり，教職員組合と塾の業界の軋轢もあったようですが，何とか今のところは支持を得ている感じがあります。

　　　2点目はやはり日本と同じように，中山間地域や郡部とかいう地方においても，教育格差はあります。これは，教育福祉になります。塾や通信教育がないから，そういう場を用意してあげましょうと，底上げをする。要するに教育格差を是正していきましょうということです。

　　　3点めの特色は，日本の場合は小学校の児童を対象としたものでした。それが，韓国は中学生，高校生が小学生よりもたくさん参加しているのです。学校教育の足りない部分をもう一度学校で保障していく。「補充・補塡」と考えられます。このへんが議論すべきところかなという感じがしており，興味深いです。

教育福祉，貧困と移民による教育格差

明石：ドイツ，フランス，イギリスの3国で，教育格差についてご意見はありませんか。

岩崎：放課後活動には，2つの側面があると思います。1つは，母親が働いている子どもたちを安全な場で保護するという社会福祉的な側面です。また，もう1つは，社会的に恵まれない層の子どもの学力保障という教育的側面です。移民などの恵まれない階層の子どもが，将来，失業や不安定な職に就くことで，社会的に排除され，貧困に陥らないようにするには，小学校の段階からドロップアウトせずに学校生活に適応することが重要になります。そのために学力定着のための支援を行う放課後活動が，フランスでは積極的に行われるようになってきています。

結城：フランスでは，家庭環境には恵まれないが，能力のある子どもを家庭から離して全寮制の学校に入れると聞きました。

日本の教育が平等性や形式を強調するのに対して，公平性や実質に重きが置かれていると感じました。ドイツでも，飛び級もあるし，あるいは遅れて入学することもできるし，あるいは留年することもある。そういうことが普通に行われてるっていうことです。

明石：言葉の定義で，「社会福祉と教育福祉」ってありました。

ここでは私は，教育福祉のほうがいいかと思っているのです。教育福祉といった場合は，奨学金を出すとか，授業料を免除するとかになります。社会福祉の場合は，児童手当をつけるとかになります。

4カ国のPISAショックのとらえ方と格差是正の公的介入

明石：ここでお聞きしたいのが，ドイツに行って，PISAショックの話がありましたが，どう思いますか。

結城：ドイツの場合は，1970年代から全日制学校導入の議論はありましたが，顕在化しなかった。そうしているうちに，1996年のTIMSS（ティムズ）の成績や2001年のPISAの結果で，ドイツの子どもたちの成績が奮わなかったことが全日制学校の導入の大きな契機となったと思います。

明石：そうすると，ドイツの放課後対策というのは，そういう土壌はあったけれども，きっかけはPISAショックと考えてもよろしいのでしょうか。

結城：そうです。ドイツの全日制学校が，いわゆる日本の放課後活動とイコールではないと思うんです。もともとドイツの場合には，学校は半日制で午後は「家庭・高齢者・女性・青少年省」が所管しているスポーツや芸術活動がさかんでした。

明石：そうすると，ドイツの全日制学校と韓国の放課後学校ってのは，やっぱり同じに考えてもいいんでしょうか。

結城：う〜ん。そうですね。活動内容は似ています。しかし，全国一律というわけではなく，各州により事情は異なります。たとえばベルリンでは，ほとんどの子どもが参加しているが，バイエルンはあまり参加していないという実態から，これは州によって違うと思います。

明石：岩崎さん，フランスはなぜPISAショックは関係ないと，さーっとスルーパスするんでしょうかね。（笑）

岩崎：フランスでは，かつて，PISAの結果を気にしていない，と公言される方もいらっしゃいましたが，今回，フランスでお目にかかった国民教育省の方は，PISAの結果が放課後施策に影響しているとおっしゃっていました。PISAの結果や国内学力調査の結果をふまえ，とくに学力水準が低い移民の子どもについては，放課後活動で学力補充するためのプログラムの導入を，国民教育省が積極的に行っているという印象を受けました。

明石：金藤さん，イギリスは，あまりPISAショックって言葉を聞かないんですけど，いかがでしょうか。

金藤：イギリスの場合，PISAの結果がExtended Schoolを推進する直接的理由としてあげてはいないと思います。しかし，今回のイギリス教育省の政府関係者とのヒヤリング調査に先立ち，われわれが得た調査回答資料によれば，教育省は少なくとも2008年4月〜2011年3月の3年間にわたり，地方自治体と学校が拡大サービスを開発し，各自治体内の学校に在籍する不利な立場にある（disadvantage）児童の参加を補助することを可能にするため，特定の資金の提供を行ってきたことを明示してい

ます。この資金と並行して、学校には、保護者に児童の利用するほぼすべての学外時間サービスに対して料金を課すことができるとしています。教育省による財政年度2010～2011年の資金提供は、合計約400万ポンドに及んでいます。イギリスの施策の背景にも、学力向上があることは間違いがないと思われます。

明石：もう1つイギリスでお聞きしたいのは、ブレアを中心とした労働党から保守党に変わりましたが、それで何か微妙な放課後施策の変化はなかったんでしょうか。

金藤：2011年4月以降の政府から学校に対する資金の点に関しては、予算配分の方法に変化が生じたようです。これまでは Standards Fund を介して提供されてきた拡大サービスへの資金額が、学校の歳入全体の基礎の一部を成すことになりました。また、拡大サービスのために特定額が別枠で設定されることはなくなっています。それは、各校に対して全予算にわたる自由と柔軟性を与えるためとされています。なぜなら、学校こそが、在籍児童を支援するための最適の手段を知っていると考えるためだとされています。その結果、各校は学力到達（attainment）と成果（outcome）の改善を支援するために、柔軟性をもって最良の方法で資金を配分することができるはずというのが基本的な考え方のようです。すなわち、政権交代によって、より地方委譲が進展し、また学校の裁量権が大きくなったといえると思います。それは一方で、国の財政支出の削減も意味しています。

明石：2010年、私たちがドイツに行ったときに、世界の人々が集まって放課後活動の国際フォーラムを開くと聞きました。そのとき先発国として、とにかく共通の課題をかかえつつあるかなと感じました。だから韓国も、2004年から放課後学校を起ち上げて、2007年頃から施策の推進が本格化します。

　そうしますと、今回の対象とした海外4カ国の対応は違いますが、子どもの放課後を何とかしなきゃいけないという背景はなんでしょうか。

岩崎：放課後や、夏休みや冬休みといった休暇の期間は、子どもが恵まれな

い環境にいる場合，非行や逸脱行動をする危険性と学力向上の潜在性といった2つの可能性をもつ時間といえます。

　PISAで測定されるような学力は，子どもの家庭の文化的な環境の影響を大きく受け，家庭に子どもがいる時間が長ければ長いほど，子どもの家庭環境による格差を反映すると指摘する教育研究者もいます。このような目に見えない格差是正のための公的介入が必要であるという認識が，フランス社会にはあるのではないかと推察します。そのため，国民教育省が行う放課後活動支援は，学力が低い地域や学校を特定し，重点的に予算を投入するというものなのです。

明石：なかなか興味深い意見ですね。やはり移民と貧困というのをきっかけとして，格差が広まってきた。家庭に全部丸投げした場合は，ますます広がってくるということです。

結城：韓国でも受験競争の過熱化によって塾に行けない子どもが出てくるので，学校の放課後活動のなかで補習もやろうという観点もあるのでしょう。

金藤：私も，放課後活動支援は，行政による教育格差是正のための公的介入という観点については賛成です。その背景について学力格差とは別の観点からみますと，私はいずれの国においても子どもの体験が貧困格差を問わず減少している事実があり，放課後活動支援は公的介入による体験格差の是正という意味もあると思っています。豊かな家庭で育つ子も貧困家庭に育つ子も，いずれも実体験の質と量ともに少なくなっています。それらをこのまま放置しておけば，子どもの成長・発達にとって大変なことになるという危機感が，いずれの国にもあると思います。体験の量と質の増加は，行政が介入する放課後活動支援の共通のキーワードの1つにあると思っています。

明石：上位概念に教育格差があって，下位概念に学校教育格差と体験格差があると思います。ドイツとイギリス，韓国をみると，教育格差を是正するのは学校教育格差を是正すればいいというような流れが来ているような気がします。日本も子どもプランからは，放課後は勉強してもよいということになりつつあります。

金藤：文部科学省も，学習教室を設けている放課後子ども教室を分けて統計を

とっております。そこには遊びも学びもという両方の考え方があると思います。

「体験の資本」を蓄積させる

明石：1992（平成4）年に学校教育で生活科を導入して，2002（平成14）年に総合的学習の時間をもってきましたよね。その成果はどこに現れているのでしょうか。生活科も総合的学習の時間も，成功したとか失敗したとかいえませんけれども，地域と家庭で本来やることを学校教育にもってきたきらいがあります。

　逆に欧米と韓国は放課後はすべて，学校教育にもってきました。そうすると，その成果がどうなってるかをやっぱり知りたい。私たちの研究グループでは，体験活動はどこが保障すればいいのでしょうか。

岩崎：日本国内にあるインターナショナルスクールの方にお話をうかがいますと，日本の学校は，小学校で九九や漢字などの知識をある程度定着させるといった累積的な学習の教授では，とてもすぐれているとのことです。ですから，そのような基礎的な累積的な学習を経て，問題解決能力などの思考力育成に広げていくのであれば，すぐれた教育ができるのではないかと言うのです。インターナショナルスクールでは，通常，保護者が教育熱心で，家庭教育で累積的な学習を行ってくるので，最初から子どもの知識や経験にもとづき問題解決させる教育が可能なのだそうですが，家庭がそのような事前の教育を提供できない場合には，非常に大変なのだそうです。日本では，学校でそういった家庭の格差を是正するような教育を一律に行っているのは，非常によいと言われました。

金藤：逆にいうと，日本はその累積的な学習にとどまっていて，問題解釈型学習に発展しにくい。それが初等教育，中等教育，高等教育まで継続される。ずっと受け身といいますか，自分で問題解決する方法を見出したり，考える訓練ができてないと思います。

結城：それは学校の授業のあり方とか，教師の質の問題でしょうか。先般，子ども会のジュニアリーダーOBで，今は埼玉県のとある市で保育担当をしている方に会ってきました。彼が言うには「今保育所はいっぱいです。

だから，入所希望者の問い合わせに『今回応募されましたけどいっぱいです』と断るのが普通ですが，私の場合には『こういう民間のものがあります』『こういうのもあります』と，ひと言お手紙を添えることにしています。これによって役所に対する風当たりも非常に少ない」と話してくれました。今までジュニアリーダーとしてキャンプとか地域活動をやってきたり，子どもの世話をしたり，保護者とふれあってきたことで，人の気持ちをつかめる能力が育っていると感じました。

明石：学校教育は「知の力」を育成する。累積や系統性を大事にします。社会教育は「体験の力」を育成する。もう少し言うと，学校は想定内の教育です。日本はそれは非常に得意です。社会教育は想定外の教育です。

　もう一方は，「知識」と「知恵」というカテゴライズに分けられます。それで，日本型教育を考える場合に，一見水と油にみえるものを合わせると失敗するのでしょうか。両輪としてうまくやっていけないのでしょうか。これは非常に難しい問題ですが。

岩崎：生活科や総合的学習の理念はおそらく正しくて，それらの学習の時間を通じて，問題解決能力，創造力や探究心といった能力を養うということだったのだと思います。しかし，具体的にどのようにしてそのような能力を育成するかという教育技術的な部分についての共通ビジョンがなかったために，授業のなかで，学びのスキルを特定することや，具体的な目標設定が難しかったのかもしれません。

　社会教育は，体験によって，「知恵」を獲得する機会と場を提供するものでもあるわけで，放課後活動でもそのような点が重視されることも大事かと思います。

結城：学校教育のなかでは，気づかせる教育や感動する教育の場面が少ない。子どもたちの興味や関心を高めるとか，より理解を深めるというよりは，試験のために教科書の内容を暗記したり，一方的に教師の説明を受けて覚えるということに終始し，調べる余裕までないと。（笑）

土屋：これを成績，自分で判断する成績と「わからないことはそのままにしないで調べる」とのクロス表をみると，日本はすごく相関があります。

　日本では成績が下位だと「調べる」という人は少ないが，上位は多

くなっています。一方，フランスとドイツでは，あまり相関がありません。

金藤：フランスやドイツは成績が悪い子も「わからないことはそのままにしないで調べる」傾向が強いということですか。

土屋：そうです。さらにイギリスでは，逆になっている。（笑）韓国は，日本と同じように，成績の上位の子どもほど，「わからないことはそのままにしないで調べる」傾向が強いです。

結城：日本の場合は，学校の成績がすべてという，単一の尺度で子どもたちを評価することが問題だと感じます。

明石：教科領域と道徳と特別活動の3領域をもう一度見直して，特別活動は「体験の資本」に成りうるのです。だから児童会の会長とか，ボランティア体験とかは優・良・可をつけなくて，体験したか，しなかったかという，量だけで中身は問わない。そこで蓄積するのを，私は「体験の資本」と呼んでいます。

　だから，「知の資本」と「体験の資本」は違うんです。学力をつけるのが「知の資本」で，経験したかしないかっていうのが「体験の資本」です。それを教科の近いところにもっていくと，理念はいいんだけども，結局何をさせてよいのかわからなくなってくるのです。

魅力ある地域活動を

明石：家庭もがんばってほしいけれど，15％の家庭は，悪いけども期待できない。そうなると，学校の特別活動はもっと豊かにするんだという方向が必要です。これまでの特別活動は，地域で身につけた基礎的なことを学校の特別活動で花を開かせていました。この視点は見逃せません。

　かつては学校卒業後に青年団に入って，学校で身につけたノウハウを使って村の文化祭や運動会をやったものです。子どものときの体験と学校の特別活動と，村をつくる青年団活動があったものです。そういうサイクルがあったんですが，今はそれがもう消えてしまいました。今，家庭はあまり期待できません。ますます学校が肥大化していきます。それでいいんでしょうか。

そこで，出てきたのが子どもプランで，遊びを地域で豊かにし，学習もしましょうとなります。1つ問題になるのは，学校の特別活動と放課後子ども教室の兼ね合いをどうもっていくのかです。
　私は小学校3年生までが放課後子ども教室，4〜6年生は学校の特別活動に発展的にもっていかせるべきだと考えています。

金藤：そうすると，放課後活動を特別活動にシフトしていくときの指導者は，教員ではなく，地域の専門家や保護者で力のある人がかかわるというイメージでしょうか。

明石：そう。そうしたら，教師はものすごく楽になる。

金藤：そうなると，保護者の意識も高まるし，地域の方々も生きがいが見出せる。いいと思いますね。

結城：地域活動がもうちょっと魅力的にならなきゃダメだと思うんです。やはり子どもたちが行きたいと思うような。たとえばキャンプファイヤーでも上手な司会がやるのと，下手な司会がやるのでは雲泥の差があるんです。

　昨年の7月と8月の2カ月間，被災した福島県の子どもたちを対象として，文部科学省と私ども国立青少年教育振興機構が3泊4日の「リフレッシュキャンプ」を那須甲子と磐梯の両施設で，連続して実施しました。そのキャンプに参加した3,000人の子どもたちに効果測定のためのアンケート調査を行いました。結果は，両施設とも同じプログラムで実施したにもかかわらず，その効果には有意な差が検出されました。その差の要因は何かというと，これはキャンプディレクター，つまり指導者の力量によるものと思われました。

　また，以前に私が経験したところでは，茶臼岳登山に際して那須甲子の専門職員が「おじさんが山頂で，おいしい水を飲ませてあげるから絶対途中で水を飲んだらダメだ」と言って，登山を開始しました。山頂に着き，子どもたちが専門職員に「おいしい水はどこにあるの」って言ったら，「ああ，そうそう。みんなの腰についてる水筒の水だよ」って。そして感想文書かせたら，水っていうのはいかに貴重かって，全員が書きました。僕はこれがプロの指導者だと思うんです。だからこ

れは，指導技術なんですよ。

明石：放課後子どもプランも含めて，地域で魅力ある放課後の遊びと学習がうまくできれば，スポーツみたいにスキルアップしていけばよいのですが，それができていないんです。

　もう1つ最近私が関心をもっているのは，サッカーの世界では，ゴールデンエイジっていう（9～12歳までにサッカーを学んでおかないと，伸びていかない）経験則が指摘されています。適時性。そういうのがあるらしいです。

　そうすると，「体験のゴールデンエイジ」もあるのではないでしょうか。「体験のゴールデンエイジ」は何歳ぐらいから始まるのかという知見を集める必要が出てきます。

結城：そうですね。学校もずいぶん変わってきましたよね。学校支援ボランティアが入って。教員の意識も変わってきました。ただ，抵抗感がなくなる一方で，わがままな住民も少なくないと思うんですよね。学校の教育指導に対して，ボランティアと称しながら，指導に口出しをするというのもなかにはいないわけではないんで。だから，まだまだ地域の人と学校の先生が，子どもを中心にして，経験を積んでいくか，話し合いを重ねていく必要はあるんじゃないかなというように思いますよね。学校施設ってのは安全で，子どもたちにとっては一番ですから。

　ただなかには，日本の放課後活動は，子どもが入れるのはここまでって言って，学校に扉をつけてこっちからは入っちゃダメよとか，そんな学校もあったり，いまだ発展途上の感がします。

明石：地域活動の魅力は，じわじわ効いてくる。私は地域活動は漢方薬と思ってるのです。そのことは，2つ事例があります。1つは昨年の3・11の大震災でみんな体育館に避難しました。住民が最初の2日間は黙っています。3日目からわがままが出てくるようです。

　行政に文句を言う人とそうでない人たちに分かれるそうです。それを調べてみると，学校支援地域本部をやったところと，放課後子ども教室やったところは，3日経っても4日経っても，そんなに険悪な事態にならなかったそうです。

金藤：やっぱり仕組みができ上がるんですね。

明石：そう意味で，地域活動は漢方薬です。

　　　　もう1つは，学歌があります。私の千葉大学の学歌を歌えない学生がいます。卒業生から「どうして千葉大は学歌を覚えさせないのか」というクレームが来ました。学歌は，学生時代はどうでもよくても，卒業してからが脚光を浴びます。ですから，学校教育がもたらす効果測定と地域や放課後子ども教室がもたらす効果測定は，違う尺度で考えていかないと難しいのではないでしょうか。やはり漢方薬でいくしかないと思います。(笑)

日本の放課後施策をどうすればいいか

明石：それでは最後に，5人で日本の放課後の施策について，ひと言でどうすればいいかという案がありましたらお願いします。

結城：子どもの指導に経験が豊かで指導力のある，質の高い指導者をそろえるというか，指導者がもう少し魅力的になるように，指導の技術を高めていくことがまず必要と思います。そういう意味では，ボランティアの人たちの表彰とかが大切なんじゃないかなと思います。

岩崎：放課後活動が，多くの国で公的に取り入れられている背景には，核家族化，女性の労働力化，安全でない環境の増加といった，現代社会がもたらすさまざまな変化があります。そのなかで，放課後施策というものは，子どもの自由な時間と空間を拘束管理し，自然発生的な自由な遊びを奪っているといった負の側面もあるかもしれません。

　　　　しかし，そうは言いつつも，保護者が放課後に家庭にいない場合，放課後活動は，安全で健全な場を提供し，学力格差を是正する場であり，少子化にあって子どもが集団で遊べる場でもあります。そのため，子どもが小学校の低学年であればあるほど，楽しい放課後活動という側面も必要でしょうし，冒険やチャレンジできる遊びも提供されていくべきなのだと思います。また，高学年では，学習塾に行く子どもも増えるため，放課後活動でも学習を重視していくことになるのかもしれません。発達段階や地域や保護者のニーズに応じた，きめの細かい放

課後活動のプランが必要との印象をもちました。

金藤：これから日本の放課後を充実させていくのにはどうしたらいいかという課題は多々あると思いますが，わたくしはまずその場となる学校が変わらなければならないと思っています。学校のとくに管理職の人たちから，教育のあり方ということについて，考え直す必要があると思います。そのためには管理職研修の方法を変えていくことも必要かもしれません。教員の免許更新講習や採用試験等を含めて，教員は，学校が家庭・地域と連携しないと子どもたちの教育は成り立たないことを十分理解することが，基礎として今後ますます必要になると思います。

明石：わたくしは，この2年間の研究をさせていただいて，一番収穫があったのは，ヨーロッパをみて，主に国としてはPISAショックというものを感じながらも，重点を小学生のほうにシフトしてると感じました。ただし，韓国だけは例外です。豊かな体験，楽しい放課後をどうやって保障するかを課題にしています。

土屋：あらためて，日本は，成績と何でも関連しているけれども，ほかの国は逆相関のものが結構ある。たとえばドイツは，成績が下位のほうがけんかをした友だちの仲直りをさせることができる。日本は下位だとできないと答えている。

明石：日本も40年前まではそうだったんです。（笑）40年前は，勉強できない子が手打ちをしてやってたんだから。（笑）

土屋：全部逆なんですよね。

結城：私が子どもの頃の学校は，いろいろな評価の尺度があり，この子は勉強ができないけど，これができるからって，多様な才能や努力，行いなどが認められ，評価された社会なんです。今は勉強だけですべてを評価されてしまう風潮がありますから，子どもたちがかわいそうだと思います。

土屋：子どもが学校で過ごす時間と放課後の時間を比べると，放課後のほうが長いですね。

明石：放課後時間が長いから，多様な体験をしましょうってことでしょ。1年間で学校の時間は1,000時間で，それ以外全部放課後だから放課後は長いですね。だから格差が生まれるんです。

金藤：日本においても，放課後活動の充実の差が，子どもの学力と体力の向上に寄与することが示されつつあると思います。富山県はその1つの好例ではないでしょうか。富山県は放課後子ども教室の実施率が100％で全国1位です。同時に児童・生徒の学力・学習状況調査も全国トップクラスであり，さらに児童・生徒の全国体力・運動能力，運動習慣等調査も全国上位を占めています。放課後活動支援の充実を図ることと，児童・生徒の学力や体力の向上との間には関連があるように思われます。

　放課後活動支援は，さらにここで検討しましたように家庭の経済格差を是正し，ひいては児童・生徒の体験格差や教育格差を少なくする取り組みであり，さらには子どもの体力や学力，関心・意欲などを高めることが今後の研究で実証されて，さらに全国的な展開が進展してほしいと思います。私たちの研究がその端緒を拓くものとなることを願いたいものですね。

一同：ありがとうございました。

巻末資料

1 ドイツの全日制小学校——ベルリン市の組織形態

a 義務（必須）全日制小学校

最低週4日，授業・学童保育時間が7：30～16：00，1日7：30～13：00。〔無料〕
追加支援・学童保育は6：30～7：30，16：00～18：00および休暇中に可能。〔有料〕

追加支援・
学童保育

6：30～7：30
有料
必要に応じる

義務全日制
7：30～16：00
〔授業と課外プログラムの〕
リズムづけ
授業・学童保育

無料

追加支援・
学童保育

16：00～18：00
有料
必要に応じる

＋

休暇中の学童保育
7：30～16：00
有料
必要に応じる

b　オープン（選択）全日制小学校

平日5日間，授業・学童保育時間の定時半日制小学校7：30〜13：30。〔無料〕
　追加支援・学童保育は6：30〜7：30，13：30〜16：00，16：00〜18：00および休暇中に可能。〔有料〕
　さらに休暇中は7：30〜13：30に追加支援・学童保育可能。〔有料〕

```
┌──────────┐   ┌────────────────┐   ┌──────────┐
│ 追加支援・│   │ 定時半日制小学校│   │ 追加支援・│
│ 学童保育 │   │ 7：30〜13：30  │   │ 学童保育 │
│          │ ⇒ │〔授業と課外プロ │ ⇒ │13：30〜16：00│
│6：30〜7：30│   │ グラムの〕      │   │16：00〜18：00│
│ 有料     │   │ リズムづけ      │   │ 有料     │
│必要に応じる│   │ 授業・学童保育  │   │必要に応じる│
│          │   │ 無料            │   │          │
└──────────┘   └────────────────┘   └──────────┘
                        ＋
              ┌────────────────┐
              │ 休暇中の学童保育 │
              │  7：30〜16：00  │
              │     有料        │
              │  必要に応じる   │
              └────────────────┘
```

＊本資料は，ドイツベルリン州教育省においてヒアリング調査を実施した際にご提供いただいた資料を訳出したものである（長尾果林（訳），2011年11月）。

2 バイエルン州全日制学校の概要

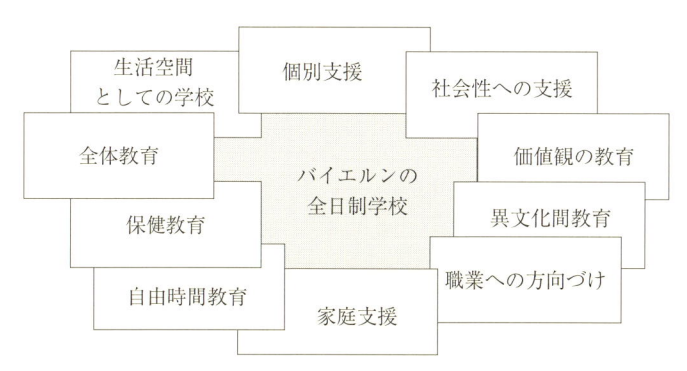

```
生活空間        個別支援
としての学校              社会性への支援
  全体教育                価値観の教育
             バイエルンの
             全日制学校    異文化間教育
  保健教育
                         職業への方向づけ
     自由時間教育   家庭支援
```

バイエルン州全日制学校の概要

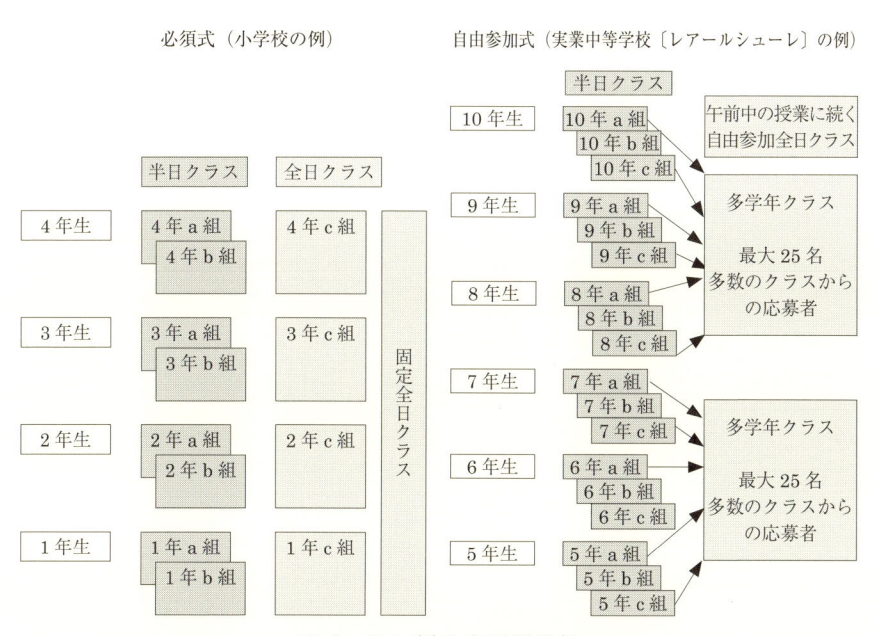

必須式（小学校の例）　　　自由参加式（実業中等学校〔レアールシューレ〕の例）

	半日クラス	全日クラス
4年生	4年a組 4年b組	4年c組
3年生	3年a組 3年b組	3年c組
2年生	2年a組 2年b組	2年c組
1年生	1年a組 1年b組	1年c組

固定全日クラス

半日クラス

10年生	10年a組 10年b組 10年c組	午前中の授業に続く 自由参加全日クラス
9年生	9年a組 9年b組 9年c組	多学年クラス 最大25名 多数のクラスから の応募者
8年生	8年a組 8年b組 8年c組	
7年生	7年a組 7年b組 7年c組	
6年生	6年a組 6年b組 6年c組	多学年クラス 最大25名 多数のクラスから の応募者
5年生	5年a組 5年b組 5年c組	

バイエルン州の全日制学校

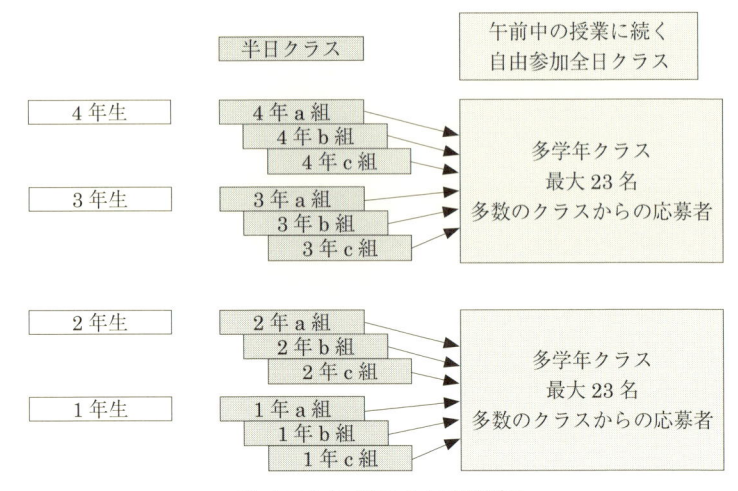

小学校と特別支援学校の全日授業（小学校の例）

```
                  半日クラス       午前中の授業に続く
                                  自由参加全日クラス

   4年生         4年a組
                  4年b組           多学年クラス
                  4年c組           最大23名
                                  多数のクラスからの応募者
   3年生         3年a組
                  3年b組
                  3年c組


   2年生         2年a組
                  2年b組           多学年クラス
                  2年c組           最大23名
                                  多数のクラスからの応募者
   1年生         1年a組
                  1年b組
                  1年c組
```

バイエルン州の全日制学校

I. 基本事項
・週4日のうち1日最低7時限の全日制授業
・授業は固有に設けた1日中ともにそこで過ごす全日クラスにて行われる。その規模はバイエルン州文化・教育省の定めによる（基本的に25名以内）
・出席が義務であるのは午前中と午後の授業（自然のリズムに合わせた時間配分による（リズム化））。生徒の出席が義務であるのは週のうち4日
・個別支援（授業についていけない生徒のための補習，また特別な才能を伸ばす支援）
・昼食
・学校での昼食は全日制のコンセプトの一部として考えられている

II. 支援
・小中高等学校と特別支援学校：週12時間の担当教員の勤務時間増加＋外部講師招聘のため1クラスにつき1年6 000€の予算
・実業中等学校，商業中等学校とギムナジウム：週8時間の担当教員の勤務時間増加＋外部講師招聘のため1クラスにつき1年6 000€の予算
・地方自治体の負担：物的経費＋1クラスにつき1年5 000€の人件費
・親権者の負担：昼食代以外なし

III. 組織	
午前中	午後
・参加が義務である授業	・午前中と同様
・具体的支援活動（スポーツ，音楽，文化活動），余暇活動	
クラス内活動	クラス内活動
人員	人員
・担任教員	・担任教員
・導入制限つきで外部からの人員	・導入制限つきで外部からの人員

必須形式の全日制学校

時限	時刻	月	火	水	木	金
1		宗教・倫理	キーボード練習	数学・選択	英語	宗教／倫理
2		数学・選択	職業・技術・経済	ドイツ語・選択	数学・選択	ドイツ語・選択
3		ドイツ語・選択	工作・テキスタイル	補習時間	体育	数学・選択
休憩						
4		物理・化学・生物	工作・テキスタイル	物理・化学・生物	体育	歴史・社会・地理
5		英語	ドイツ語	音楽	補習時間	英語
6	12:05～12:30	昼食（社会教育者の監督付）				
6	12:30～13:15	自由時間（社会教育者の監督付）				
7	13:15～14:00	自習時間	自習時間	自習時間	自習時間	クラブ活動
8	14:00～14:40	音楽	数学	歴史・社会・地理	ドイツ語	
休憩（8・9時間目の教員の監督付）						
9	14:40～15:30	発展基礎スポーツ	職業・技術・経済	英語	美術	
10	15:30～16:00	発展基礎スポーツ	職業・技術・経済	クラブ活動	美術	

必須式全日制学校 本過程学校（ハウプトシューレ）5年生の時間割例

I. 基本事項
・週4日のうち1日最低7時限の全日制授業
・授業は基本的に午前中に行われる。義務としての出席は最低週2日
・午前と午後のための教育コンセプト
・昼食時の世話，宿題の補助，信頼できる午後の余暇活動と補習支援の提供
・5年生から10年生の他学年グループ（大部分は5年生から8年生まで）。グループの大きさは最大25名まで

II. 支援
・固定形式の全日制学校の担当教員の勤務時間と同じ（補填部分の予算計上なし）＋1グループ年間23 000 €から30 000 €までの総予算ごとに6 000 €の支給（バイエルン州財務局の負担規定）
・地方自治体の負担：固定形式の全日制学校と同じ
・親権者の負担：固定形式の全日制学校と同じ

III. 組織

午前中 ・参加が義務である授業	午後 ・参加が義務である授業，選択授業（場合による） ・練習の時間・補習・余暇活動
クラス内活動	多学年グループでは異なった対応がありうる
人員 ・担任教員	人員 ・外部からの人員（参加が義務である授業）例外的場合は担任教員，共同作業パートナー

自由参加式の全日制学校

時限	時刻	月	火	水	木	金
1						
2				通常の時間割と同じ		
3						
休憩						
4				通常の時間割と同じ		
5						
6	12:05 〜 12:30	昼食（外部職員もしくは社会教育者の監督付）				
	12:30 〜 13:15	自由時間（外部職員もしくは社会教育者の監督付）				
7	13:15 〜 14:00	宿題支援，自習				
8	14:00 〜 14:40	外部職員もしくは社会教育者の監督付				
休憩（8・9時間目の教員の監督付）						
9	14:40 〜 15:30	クライミング	音楽部	生徒新聞	木工クラブ	外部職員によるサービス
		生徒新聞	球技部	園芸	学習の仕方を学ぶ	
		演劇	合唱	陶芸	流行のスポーツ	
10	15:30 〜 16:00	クライミング	音楽部	生徒新聞	木工クラブ	
		生徒新聞	球技部	園芸	学習の仕方を学ぶ	
		演劇	合唱	陶芸	流行のスポーツ	

自由参加式全日制学校 実業中等学校（ハウプトシューレ）の時間割例

I. 基本事項
・午後の授業は学校経費による担い手によるか，もしくは私法上の担い手により行われる ・運営は校長との話し合いのうえ行われる ・サービスは最低週4日から ・午後の世話はいわゆる延長支援の枠で午前中の授業の終わりから（もっとも早くて11時）14時か15時30分まで ・昼食時の世話，社会的，余暇教育的プログラムの提供と充実した宿題支援（義務とされているサービスの延長） ・1年生から4年生までの多学年グループ。グループの最低人数は12名

II. 支援
・バイエルン州による総額支援（1グループ年間3 323€か延長して午後の授業の場合7 000€） ・親権者による午後の授業の費用を負担する ・その他の親権者に払う費用，または物資費用の負担も可能

III. 組織

午前中 ・参加が義務である授業	午後 ・昼食・余暇活動 ・参加自由な宿題支援か15:30まで延長された義務的昼間育児
クラス内活動	多学年グループ
人員 ・担任教員	人員 ・外部からの人員

小学校と特別支援学校の午後の授業

出典：バイエル州文化・環境省

3　イギリスの拡大学校

a 『学校管理者のための拡大サービス・ツールキット（*Extended Services : Toolkit for Governor*）』抜粋

　教職員養成研修機構（TDA）が開発したツールキットは，学校運営者が5つのテーマごとに設定された項目の現状について6段階の自己評価を行うことで，拡大サービスの進行具合を評価し，さらなる開発のための認識や考察を促し，優先順位を確認することができるように構成されている。
　以下に5つのテーマの自己評価シートを抜粋する。

テーマ1：コミュニティについて
　学校周辺のコミュニティ，学習者やその家族が拡大サービスに求めるもの，ニーズを満たすうえで鍵となる協力者について把握する。

考慮すべき点		現状 まったくそうでない 1	2	3	4	5 まったくそうである 6	優先順位
A	（学校および運営組織が）拡大サービスについて十分に理解している。						
B	（学校および運営組織が）拡大サービスにより，標準や学力到達度を改善し，より広いコミュニティの利益になるような機会を提供することができると考えている。						
C	コミュニティの鍵となる特徴を十分に理解している。						
D	拡大サービスによって何を達成しようとしているのか認識している。						
E	拡大サービスを提供するにあたり，パートナー組織とどのように協力し合うか明確な全体像をもっている。						
F	その他（自由記入）						

すでに行っていてうまく機能している点	次に行うべき点

テーマ2：現状

学校とパートナー組織とで，現在提供している学校，クラスター，コミュニティに対する拡大サービスと，実際のニーズとの差を特定する。

	考慮すべき点	現状	まったくそうでない					まったくそうである	優先順位
			1	2	3	4	5	6	
A	現在提供している拡大サービス，その根拠，その効果について監査を行った。								
B	コミュニティ内で提供されている拡大サービスやその提供者について十分な知識がある。								
C	将来提供するサービスの方向性について，教職員と協議を行った。								
D	拡大サービスに対するニーズや優先事項について，学習者，保護者・家族，コミュニティと協議を行った。								
E	現状のサービスと将来的な計画との差を特定した。								
F	その他（自由記入）								

すでに行っていてうまく機能している点	次に行うべき点

テーマ3：将来の方向性

学校とパートナー組織とで，拡大サービスに対するニーズを明確にし，協力すべき鍵となる組織を特定する。学校の運営組織は，将来的な管理モデルの可能性について確認する。

	考慮すべき点	現状	まったくそうでない					まったくそうである	優先順位
			1	2	3	4	5	6	
A	拡大サービスと学校の貢献について，共通の明確なビジョンがある。								
B	革新的な解決策を模索した。								
C	（学校およびパートナー組織は）協力が必要なすべての人材や組織を特定している。								
D	拡大サービスの提供における校長の責任が明確にされている。								

		1	2	3	4	5	6	
E	学校運営組織は，将来の効率的な運営のために必要とされる能力について検討している。							
F	その他（自由記入）							

すでに行っていてうまく機能している点	次に行うべき点

テーマ4：何をすべきか

学校とパートナー組織は，何をすべきかを把握し，導入のための行動計画や優先事項を明確にする。（学校の）運営組織は，変革においてリーダーシップを発揮したり，効率的に学校を支援したりするうえでの方法を決定する。

	考慮すべき点	現状 まったくそうでない				まったくそうである		優先順位
		1	2	3	4	5	6	
A	拡大サービス導入のための断固たる計画がある。							
B	学校の計画が，クラスター内のパートナー，地方自治体，およびコミュニティに沿って作成されている。							
C	資金面についてすべてを十分に検討し，理解している。							
D	拡大サービスの質的，法律的，契約的な側面について整備している。							
E	学校運営組織が，拡大サービスにどのようにかかわり，支援やリーダーシップを提供するかに同意している。							
F	その他（自由記入）							

すでに行っていてうまく機能している点	次に行うべき点

テーマ5：目標とする成果

学校の運営組織は，拡大サービスの進歩状況をモニターし，教職員・学習者・家族・コミュニティに対する影響を評価するための方法を確実に整える。

考慮すべき点	現状 まったくそうでない 1	2	3	4	5	まったくそうである 6	優先順位
A 進歩や影響を評価する過程に学習者や家族からの継続的なフィードバックを取り込んでいる。							
B 学校運営組織は，明確かつ同意された進歩の測定方法と，影響をモニターする方法を確保している。							
C 外部による拡大サービスの報告は，満足のいくものである。							
D 学校運営組織が，拡大サービスに対して積極的かつ継続的に支援やリーダーシップを提供している。							
E 提供する拡大サービスは，学校の目標を満たし，持続可能なかたちで行われている。							
F その他（自由記入）							

すでに行っていてうまく機能している点	次に行うべき点

出典：TDA. 2007. *Extended Services: Toolkit for Governor* より作成。

b 『学習機会の拡大：学習支援の自己評価のための枠組み（*Extending Learning Opportunities : A Framework for Self-evaluation in Study Support*)』抜粋

『学習機会の拡大：学習支援の自己評価のための枠組み』は，2009年に旧子ども学校家庭省（DCSF）の委嘱により開発された。学校やパートナー組織が，提供するサービスの自己評価を行うための枠組みであり，グッド・プラクティス（優れた実践）が「確立途上」「確立済み」「（より）発展段階」の3段階で示されている。以下に一部を抜粋して掲載する。

(1) 学習支援のための枠組み

拡大学習／学習支援の開発における学校およびパートナー組織の成長モデル

学習支援の パラダイム⇒	プロジェクト	プログラム	戦略
提供する内容	・任意の「カリキュラム外」活動 ・短期的なプロジェクト	・幅広く多様な学習活動	・学習や成長のための機会の付与
参加者	・自発的な児童 ・対象となる不振児	・大部分の児童（多くの活動で）	・全児童（ほとんどの活動で） ・保護者，教職員，コミュニティ
目的	・楽しみと充実感 ・よりできる児童を伸ばす ・不振児を支援する	・学校全体の達成度を上げる ・達成することの選択肢を広げる	・学校全体で学習や指導を継続的に改善する ・教育に与えられた価値を強化する
カリキュラムとの関連性	追加的⇒	取り込まれている⇒	完全に取り込まれている

(2) 優れた実践のカテゴリー

3段階の優れた実践の枠組み

確立途上 (Emerged)	確立済み (Established)	発展段階 (Advanced)
このカテゴリーの実践には，よく運営された拡大学習／学習支援機会の側面がみられ，明確な目的，一致団結した計画，幅広いサービスがある。児童や青少年，コミュニティのニーズが調査され，サービス提供のために利用されている。将来の発展が緻密に計画されている。	このカテゴリーのよい実践では，改善への努力が持続的に行われ，児童や青少年の主導の学びが増加する。堅固な管理能力やリーダーシップ，自己批判の能力があり，短所に取り組み，長所を増強することができる。他組織と協力してプログラムの計画・運営が行われ，拡大学習／学習支援が開発計画に組み込まれている。	このカテゴリーの実践は，拡大学習／学習支援の最先端であり，児童・青少年・より広いコミュニティが実施計画や評価に参加している。日常的にモニターが行われ，焦点を絞った評価が定期的に行われている。共通のゴールとリソースの共有により，他組織との協力体制が維持されている。優れた実践の全国センターとして先頭に立ち，他者に対して研修を行うための信念や自信，専門知識を有している。

(2) 優れた実践のカテゴリー（つづき）

鍵となる指標 個々のプロジェクトとの関連で	鍵となる指標 広範なプログラムとの関連で	鍵となる指標 包括的な戦略との関連で
特定のグループを対象とした一連の個別的な活動が提供されている（時間的な制限や短期的な資金のため）。	複数のニーズに応え，多くの児童や青少年に魅力的な広範囲の活動が提供されている。活動は持続可能で，発展のための優先事項を支えるものである。	活動が家族やより広いコミュニティのための継続的な学習の一部としてとらえられ，発展し続けている。拡大学習／学習支援における革新的な指導と学習が，カリキュラムの指導と学習に影響を与えている。児童や青少年はさまざまな場で行われる学習活動に日常的に参加している。

＊上記の3段階は拡大学習／学習支援の発展の過程を示している。すなわち，計画の一貫性，児童・青少年の関与，評価の効率性は時間とともに強まる。

(3) 発展の各段階における鍵となるテーマ

優れた実践のレベル	各段階の鍵となるテーマ			パラダイム
	I. 学習の展望・意義・原則	II. プログラムの開発と運営	III. 効果の創出と変化の管理	
確立途上	1 明確な目的 2 ニーズを知る 3 明確な学習理念 4 児童に自信を与える	6 効果的な資源調達 7 効果的なコミュニケーション 8 プログラムの開発 9 学習指導者の特定	12 効果を評価する	プロジェクト（カリキュラムへの追加）
確立済み	1〜4 および 5 ともに学ぶ	6〜9 および 10 学習指導者の有効活用 11 パートナーシップの構築	12 および 13 結果を出す	プログラム（カリキュラムとの融和）
発展段階	1〜5	6〜11	12〜13 および 14 改善点の管理 15 投資の還元	戦略（カリキュラムとの完全な融合）

出典：DCSF. 2009. *Extending Learning Opportunities: A Framework for Self-evaluation in Study Support* から作成。

4　フランスの学校周辺活動にかかわる費用

a　2010-2011 教育的活動および学校周辺活動の料金表（パリ市）

料金	家族係数	料金	家族係数
1	≦ 234 €	5	≦ 1 370 €
2	≦ 384 €	6	≦ 1 900 €
3	≦ 548 €	7	≦ 2 500 €
4	≦ 959 €	8	> 2 500 €

| 料金 | 発見教室 | 余暇センター（1日ないし半日） | | | 監督付学習 | アトリエ・ブルー | 間食 | 虹の休暇 |
	1日	食事付	食事無	冒険滞在	1回／週	1教室／週	1回	1日
1	1.15 €	0.45 €	0.32 €	2.08 €	2.10 €	2.10 €	0.15 €	2.05 €
2	3.47 €	1.89 €	1.05 €	4.20 €	4.20 €	8.40 €	0.30 €	5.20 €
3	8.11 €	3.69 €	2.10 €	8.40 €	9.45 €	16.85 €	0.65 €	10.40 €
4	9.48 €	5.45 €	3.21 €	10.76 €	13.97 €	25.80 €	0.95 €	13.87 €
5	13.06 €	7.83 €	4.28 €	15.05 €	18.31 €	34.43 €	1.25 €	18.21 €
6	14.55 €	9.94 €	5.42 €	18.49 €	20.65 €	43.47 €	1.35 €	23.79 €
7	15.82 €	11.32 €	6.52 €	19.57 €	22.81 €	47.84 €	1.50 €	33.58 €
8	17.26 €	12.72 €	7.72 €	20.90 €	24.18 €	50.60 €	1.55 €	46.28 €

＊余暇センター：料金1に該当する家族については，子ども1人につき1カ月の参加料は6€を上限とする。
＊監督付学習／アトリエ・ブルー／間食休憩：料金1に該当する家族については，子ども1人につき3カ月の参加料は6€を上限とする。

訳注
・家族係数は，その算出方法を単純化すると，家庭の所得を家族の人数で除した値。
・発見教室とは美術館の訪問や山登りなどの活動。虹の休暇は林間学校に類似した長期休暇期間中の活動。

b 2009年学校周辺活動コスト

余暇センターおよび休暇滞在	
運用にかかわる支出	8 774 764 €
食費	14 766 253 €
自由契約職員報酬（雇用者負担含む）	28 819 606 €
専任職員および契約職員報酬（雇用者負担含む）	30 756 333 €
支出計	83 116 956 €
家族手当公庫助成金	10 580 324 €
家庭による負担	11 772 224 €
収入計	22 352 548 €
昼休み時間	
食費	89 405 522 €
自由契約職員報酬	13 850 586 €
専任職員および契約職員報酬	9 200 208 €
学校長責任手当	1 354 753 €
基金手当	493 825 €
支出計	114 304 894 €
家庭による負担	48 981 767 €
収入計	48 981 767 €
託児および保育学校間食	
間食費	1 565 750 €
自由契約職員報酬	2 034 459 €
専任職員および契約職員報酬	7 918 635 €
学校長責任手当	481 932 €
支出計	12 000 776 €
家庭による負担	1 906 641 €
収入計	1 906 641 €
監督付学習	
自由契約職員報酬	3 531 642 €
専任職員および契約職員報酬	5 938 976 €
学校長責任手当	488 188 €
基金手当	276 327 €
支出計	10 235 133 €
家庭による負担	2 601 372 €
収入計	2 601 372 €

＊パリ市学校教育課提供資料の翻訳

5 韓国の放課後学校

需要者の希望によって参加者負担で正規授業外に行われる学校活動

学校 — 教育正規過程 —補充→ 教科プログラム／特技適性プログラム／初等ケアープログラム ←吸収— 塾（入試私教育／芸体育私教育／保育私教育）

＊初・中等学校教育課程総論（教育科学技術部告知第 2009-41 号）

放課後学校の概念

学校の教育機能補充
レベル合わせ教科プログラム，特技適性教育など
正規教育課程を補充する創意的で多様な教育経験を提供

私教育負担削減
入試，芸体育，保育のための学校外教育需要を学校内に吸収

教育福祉づくり
地域間，所得間教育格差を解消
放課後学校自由受講権，農山漁村放課後学校運営支援など

学校共同体実現
地域社会の人的・物資的支援活用など地域社会連携網構築

放課後学校の目的

年	内容
1995	・5.31 教育改革：放課後教育活動の一環として特技適性教育提案 ・教育需要者中心で学生たちの多様な個性を尊重し，人間性および創意性を最大に伸長
1999	・特技適性教育に名称変更 ・教科教育から離れ素質・適性開発および趣味・特技伸長を通じ個人の多様性を高めるための教育提供
2004	・2.17 私教育費軽減対策として放課後教育活動 ・特技適性教育（初・中・高），放課後レベル別補充学習（高），初等学校低学年放課後教室（初）
2006	・既存放課後教育活動を放課後学校として統合運用
2008	・4.15 学校自律化措置で市道教育庁基本計画に学校単位で放課後学校の自立運用

推移経過

教育科学技術部	予算支援法，制度改善，政策方向性提示 実態調査・成果分析，コンテンツ開発 市道間情報交流，優秀事例発掘および普及など
市道地域教育庁	市道基本計画樹立，予算編成執行 事業推進および管理，評価，外部講師研修 学校指導・監督・コンサルティングなど
単位学校	需要調査，運営企画，講師募集・採用 講座開設運営，管理評価など

学校運営審議委員会

"放課後学校" 運用
- 教科プログラム
- 特技適性プログラム
- 初等ケアプログラム

推移体系

市道教育庁の計画によって
学校長が学校運用委員会の審議を経て学校自立運用

- 運用主体：学校長直営または委託
- 運用時間：学校健康，正規授業を阻害しない範囲内で需要者の要求と必要，学校の事情を考慮して決定
- プログラム運用：レベル別オーダープログラムの開設・運用
   ※学習能力伸長，人間性，創意性，特技開発，自己主導的学習力向上プログラム
- 講師：現職教師，外部講師活用
- 生活記録部記載：学生の素質・能力開発，進路・進学情報で活用
- 受講料：受講者負担，低所得層は別途支援

〈市道共同開発放課後学校運用ガイドライン〉

運用方向

区分	2008年	2009年	2010年	2011年	備考
初等ケアー	483	874	1,245	1,945	普通交付金 (基準需要額)
放課後学校自由受講権	978	1,063	1,109	1,766	
農村漁村放課後学校	528	382	421	515	
成果分析国立学校支援	8	8	406	8	一般会計
その他	149	195	182	447	特別交付金
計	2,155	2,522	3,363	4,681	

（単位：億ウォン）

予算支援状況

- 地方教育普通交付金（基準需要額）
  - 初等ケアー運用支援（1,945億ウォン）
    ※運用学級数*3,400万ウォン
  - 農山漁村放課後学校支援（515億ウォン）
    ※学年別2学級以下の学校の学級数*300万ウォン
  - 放課後学校自由受講権支援（1,758億ウォン）
    ※基礎生活受給者数*1,62（差上位40%）*12カ月*3万ウォン
- 地方教育財政特別交付金
  - 終日ケアー教育，放課後学校支援センター，保護者コーディネーター，ママメントリング，地域連合放課後学校運営など（255億ウォン）

予算支援基準

全体講座数は，494,965 講座で 2009 年対比 32.0%増加
教科講座が 68.5%，特技適性講座が 31.5%を占める

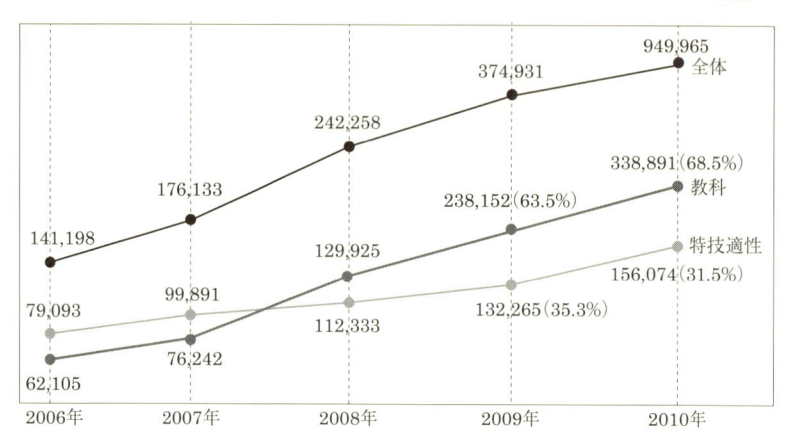

	2006年	2007年	2008年	2009年	2010年
全体	141,198	176,133	242,258	374,931	949,965
教科	62,105	76,242	129,925	238,152 (63.5%)	338,891 (68.5%)
特技適性	79,093	99,891	112,333	132,265 (35.3%)	156,074 (31.5%)

講座運営状況

放課後学校が私教育費を節減するのに役に立ちましたか。

- 普通 26.3%
- 9.9%
- 4.8%
- 有り 25.8%
- 非常に効果有り 33.2%

教育科学技術部(2010.6)
11,234校，保護者597,630名

放課後学校の私教育費削減効果

●制度的な面
・放課後学校の法的根拠整備
・自治体など地域社会との連携協力強化
●財政的な面
・財政支援の重複，空白地域解消
・自治体財政支援の地域格差解消
●プログラムの面
・需要者中心のプログラム運用
・講師の実力強化必要
・プログラム多様化および質の再考
●担当教員の面
・学校および教員の業務負担解消

放課後学校の課題

●需要者オーダー式プログラム運用
・実質的に需要調査を通じ，保護者の意見を集める
・保護者会などを通じてプログラム需要チェック
・委託の場合，保護者対象の説明会を通じて選択機会を与える
●学校運用委員会放課後学校委員会構成・運用
・保護者の意見を集める作業と透明性強化
　※基礎調査，計画樹立，プログラム運用，運用評価など審議
●運用過程モニタリングおよび結果の検証構築
・教育庁，学校の事前・後のプログラムおよび講師検証
・授業公開，学生，保護者の満足度調査などプログラムの評価
・評価結果を教育庁のホームページに公開など

需要者中心の放課後学校の運用

●講師管理マニュアル補充
・市・道共同で講師資格条件，採用手続き，勤務規定などを標準化
●優秀講師推薦導入
・単位学校の優秀講師の推薦を通じ，教育単位の優秀講師 pool を再整備
・放課後学校総合ポータルサイト構築で需要と供給連携（KEDI／市道）
●現職外部講師の研修師範を実施（6〜12月）
・専門研修機関公募，基本実力強化のための研修（オン・オフライン同時）実施
●多様なる外部講師発掘に活用
・学校内の英語教授要員を放課後学校の英語専門講師として活用
・地域社会の優秀人的資源を活用（軍人，警察，大学生，経歴のある女性など）
・教育大学卒業生および新規教員待機者を活用拡大

放課後学校の優秀講師育成および活用

①民間参加活性化のための制度整備

- ●市道教育庁の民間参加規制廃止を誘導
  - ・8カ所の市道教育庁
- ●優秀民間プログラム検証措置整備
  - ・民間委託ガイドラインおよびマニュアル補充
  - ・全国単位の優秀民間委託期間 pool を構築運用
  - ・放課後学校の小委員会を構築・運用を通じて透明性を確保
  - ・評価結果,受講料などを教育庁ホームページに公開

評価（学校） → 検証（教育庁） → 結果提供（教育庁） → 活用（学校）

②社会的企業発掘・育成

- ●社会的企業事業説明会推進
  - ・放課後学校に参加する民間機関を社会的な企業として転換誘導
  - ・放課後学校の社会的企業20カ所を発掘育成
    ※ケア教育運用,全体委託,部分委託のための専門機関中心
- ●大学の放課後学校の社会的企業に創業支援方案検討
  - ・教育支援庁が大学,自治体と連携して推進
  - ・大学でプログラムと講師研修
    ※自己主導的学習プロジェクト授業,芸体育科目が連携されるプログラム開発
    ※卒業生を講師に雇用,在学生は補助講師あるいはメントリングに参加
- ●企業の教育支援拡大方案模索
  - ・"幸福な学生財団"モデル,成果分析および拡散方案を構築
  - ・経済団体,自治体と協力を通じ,後援企業を発掘

③優秀事例発掘・拡散

- ●言論機関の参加プログラムのモデル運用（2011.7）
  - ・公信力のある放課後学校の放課後学校プログラムの確保で運用機関の多様化推進
  - ・放課後学校の民間委託プロセス成立
- ●優秀委託プログラムの拡散支援
  - ・"幸福な学校財団"モデル成果分析および拡散方案づくり（2011.10）
  - ・アリランTV,子ども英語放送アカデミーモデル事業推進（2011.7）
  - ・EBSe活用放課後英語教育活性化支援（2011.7）
- ●民間委託需要と供給連携推進
  - ・放課後学校支援センター活性化方案づくり
  - ・放課後学校コンテンツフェアー開催（2011.12）
  - ・民間委託機関の圏域別説明会を推進
  - ・民間委託社,教育庁,学校担当者間のミーティング場づくり

放課後学校の民間参加活性化

①放課後学校自由受講権支援拡大

●支援対象の拡大および1人あたり支援額を上向調整で低所得層学生の放課後学校参加の支援を強化

区分	2010年	2011年	2012年	2013年
支援対象	39万名 （上位20％）	49万名 （上位40％）	60万名 （上位70％）	75万名 （上位100％）
1人あたりの 支援規模	30万ウォン （月3万ウォン）	36万ウォン （月3万ウォン）	48万ウォン （月4万ウォン）	60万ウォン （月5万ウォン）
所要予算	1,410億ウォン	1,746億ウォン	2,880億ウォン	4,500億ウォン

※普通交付金放課後学校事業基準財政需要額基準

②ママ終日ケアー教室拡大

●幼稚園と初等学校で終日（6:30～22:00）
　ケアーサービスを提供して保育目的の私教育費の軽減
　・低所得および共稼ぎ家庭の児童
　・朝食，夕食提供
　・宿題，予習，復習，遊び活動，放課後学校プログラムなど
　※2011年度1,000学校（幼稚園）を対象にモデル事業実施中
●2011年モデル事業の成果分析を通じ，自治体と協力して需要があるすべての幼稚園と初等学校に拡大

低所得階層支援拡大

●放課後学校法律化
　・初中等教育法一部改正案（保留中）
●放課後学校支援センター役割強化
　・地域社会の人的・物的支援を誘導，需要と供給を連携
　・放課後学校振興院または公益財団に転換誘導
●教員の業務軽減法案づくり
　・保護者コーディネーター（4,914名），ママケアーメントリング（2,400名）など行政専門人員の拡大配置推進
　・次世代ナイスの活用拡大（2011.9）
　・学校運用委員会，放課後学校小委員会の機能の強化を通じ，運用手続き簡略化
　・定期的に放課後学校の運営主体の分離法案を検討

放課後学校の民間参加活性化

6 日本の放課後の過ごし方の調査

―調査のご協力のお願い―

　これは，皆さんの放課後の過ごし方を調べるものです。
　調査は，日本，イギリス，ドイツ，フランス，韓国の5カ国で行います。
　調査の結果は，他の国々の同じ年代のお友だちとくらべます。そして，これからの皆さんの放課後をよりよい放課後にするために考えていきます。調査のご協力をお願いします。
　質問には正解はありません。ふだんの皆さんのありのままの放課後の過ごし方についてお答えください。

問1．あなたの先週（月～土曜日）の放課後の家庭での過ごし方についてお尋ねします。
　　（あてはまるアルファベット1つに○をつけてください。）

(1) 先週，あなたは学校から帰ってからテレビを1日，だいたい何時間みましたか。
　　A．ほとんどみない　B．1時間未満　C．1～2時間未満　D．2～3時間未満
　　E．3時間以上

(2) 先週，学校から家に帰ってから家族の大人が出かけていて，その大人が帰るまで1人（あるいは兄弟・姉妹または友だちだけ）で過ごした日が何日ありましたか。
　　A．ほとんどない　B．1日　C．2～3日　D．4～5日　E．6日以上（いつも）

(3) あなたには，いつも遊んでいる友だちは何人いますか。
　　A．いない　B．1人　C．2～4人　D．5～9人　E．10人以上

(4) 学校での授業のほか，勉強する時間が1日にどれくらいありますか？（塾に行っている人は，塾の時間を含めて考えてください）

| A. まったくない　B. 1時間未満　C. 1～2時間未満　D. 2～3時間未満 |
| E. 3時間以上 |

問2. あなたは，次のことをどのくらいしていますか。（○はそれぞれ1つずつ）

	毎日している	ときどきしている	ほとんどしていない	まったくしていない
(a) テレビゲームやコンピューターゲームをすること………………………………	1.	2.	3.	4.
(b) インターネットを利用すること………………………………………………	1.	2.	3.	4.
(c) マンガ本（マンガ雑誌も含みます）を読むこと………………………………	1.	2.	3.	4.

問3. 次の各問のaとbの2つの意見のうち，あなたの意見はどちらに近いですか。（○は1つ）

(例)	ⓐ. リンゴよりミカンが好きだ。 b. ミカンよりリンゴが好きだ。
(1)	a. 仲のよい友だちには，自分の弱いところを見せてもかまわない。 b. 仲のよい友だちでも，自分の弱いところは見せたくない。
(2)	a. 人間の都合で自然を破壊するのはやめるべきだ。 b. 人間の生活のために自然が破壊されるのはしかたがない。
(3)	a. がんばってもうまくいかないこともある。 b. どんなことも，あきらめずにがんばればうまくいく。
(4)	a. 学校の成績がよいと，将来幸せになれる。 b. 学校の成績がよいことと，将来の幸せは関係ない。
(5)	a. 人に対しては，いつでも正直にいるほうがよい。 b. 時と場合によっては，うそをつくこともある。
(6)	a. トラブルが起きたときは，できるだけ自分ひとりで解決すべきだ。 b. トラブルが起きたとき，他に頼れる人がいるなら，頼ったほうがよい。

(7)	a. 友だちが間違っていると思えば，相手が傷つくとしても言ってあげたほうがよい。 b. 友だちが間違っていると思っても，相手が傷つくことは言わないほうがよい。
(8)	a. 大人になったら自分の生活にかかるお金は自分が稼ぐべきだ。 b. 家族に十分な収入があれば，大人になってもお金を稼ぐ必要はない。
(9)	a. 仕事のためなら，家族で一緒に過ごす時間が減ってもしかたがない。 b. 仕事のために，家族で一緒に過ごす時間を減らすべきではない。
(10)	a. 今後もできるだけ自分の国で生活していきたい。 b. 今後，できれば自分の国以外の国で生活したい。

問4. あなたは，次のことについて自分にどのくらい当てはまると思いますか（○は1つ）

		とてもあてはまる	ややあてはまる	あまりあてはまらない	まったくあてはまらない
(1)	自分のことが好きである	4	3	2	1
(2)	家族を大切にできる人間だと思う	4	3	2	1
(3)	今，住んでいる町が好きである	4	3	2	1
(4)	悲しい体験をした人の話を聞くとつらくなる	4	3	2	1
(5)	友だちがとても幸せな体験をしたことを知ったら，私までうれしくなる	4	3	2	1
(6)	人から無視されている人のことが心配になる	4	3	2	1
(7)	もっと深く学んでみたいことがある	4	3	2	1
(8)	体験したことのないことには何でもチャレンジしてみたい	4	3	2	1

(9)	わからないことはそのままにしないで調べたい	4	3	2	1
(10)	交通規則など社会のルールは守るべきだと思う	4	3	2	1
(11)	電車やバスに乗ったとき、高齢者や身体の不自由な人には席をゆずろうと思う	4	3	2	1
(12)	他人をいじめている人がいると、腹が立つ	4	3	2	1
(13)	けんかをした友だちを仲直りさせることができる	4	3	2	1
(14)	近所の人にあいさつができる	4	3	2	1
(15)	初めて会った人とでもすぐに話ができる	4	3	2	1
(16)	自分にはなりたい職業や、やってみたい仕事がある	4	3	2	1
(17)	大人になったら仕事をするべきだと思う	4	3	2	1
(18)	できれば、社会や人のためになる仕事をしたいと思う	4	3	2	1
(19)	年に何度か、親戚のお墓参りに行くべきだと思う	4	3	2	1
(20)	年上の人と話すときは丁寧な言葉、年下の人には優しい言葉を使い話すことができる	4	3	2	1
(21)	自分の国の昔話を話すことができる	4	3	2	1

問5. あなたの学校には「放課後子ども教室」はありますか。あてはまるアルファベットを○で囲んでください。

A. ない →問7に進む　B. ある →問6に進む

問6. 先週（月～土曜日）の「放課後子ども教室」について質問します。あてはまるアルファベット1つに○をつけてください。

(1) 先週,「放課後子ども教室」に何日参加しましたか。

　　A. 0日　　B. 1～2日　　C. 3～4日　　D. 5日以上
　　　↓　　　　　　　　↓
　　問7に進む　　　　次の(2)へ進む

(2) 先週,「放課後子ども教室」に参加した時間は,全部で何時間になりましたか。

　　A. 5時間未満　　B. 5～10時間未満　　C. 10～15時間未満　　D. 15時間以上

(3) 先週,どんな「放課後子ども教室」に参加しましたか。参加したものすべての番号に○をつけてください。

　　1. 自由遊び　　　　　　　　　　　　2. 自由な読書
　　3. 授業の復習（補習）または宿題　　4. 授業の予習または発展
　　5. 合唱または楽器演奏　　　　　　　6. 図画工作に関する活動
　　7. スポーツ・運動
　　8. その他（内容を具体的に書いてください↓）
　　〔　　　　　　　　　　　　　　　　　　　　　　　〕

問7. 最後にあなた自身のことについてお尋ねします。

(1) あなたの年齢を書いてください。　　　　　　　　（　　　　　）歳

(2) あなたの性別を○で囲んでください。　　　　　　　　男子・女子

(3) あなたには（あなた以外に）兄弟や姉妹が何人いますか。（○で囲んでください）。
　　いない・1人いる・2人いる・3人以上いる

(4) あなたは自分で学校での成績はどのくらいだと思いますか（○は1つ）
　　1. 上位　2. 中の上くらい　3. 中の下くらい　4. 下位

これで,終わりです。おつかれさまでした。
調査にご協力をいただき,ありがとうございました。

謝　辞

　本書籍の出版にあたり，ご執筆を担当いただきました先生方の他，大変多くの先生方や関係者の皆様にお世話になりました。この機会に御礼を述べさせていただきたく存じます。

　まずは各章をご担当いただきました諸先生方に心より御礼を申し上げます。現地ヒヤリング調査，統計的調査，座談会など研究会としての取り組みに全面的なご支援とご協力をいただきました。その成果の1つが，本書籍の出版につながったことはいうまでもありません。心より御礼を申し上げます。

　ドイツ，イギリス，フランス，韓国など海外での国レベルの教育行政関係者，および首都部の行政関係者調査においては，在外の日本大使館関係者の皆様，日本のブリティッシュ・カウンシル，在日本韓国大使館関係者の皆様のご支援をいただきました。また本書巻末資料の翻訳や現地通訳でご協力をいただいた長尾果林様，鈴木敦司様，金光明様，Carreau 敦子様に大変お世話になりました。

　イギリス・マンチェスター大学の Alan Dyson 教授，ドイツ・ギーセン大学の Ludwig Stecher 教授には，現地調査でお世話になるばかりでなく，その後も多くの関係資料のご提供をいただきました。記して御礼を申し上げます。日本の文部科学省生涯学習政策局の皆様には，本研究の計画段階から貴重なご助言とご協力を賜りました。また本書の表紙を飾ってくださった河村亜紀様は，文部科学省生涯学習政策局にて放課後子どもプラン室のお仕事にも携わられた方であり，今回の表紙作成にご協力をいただきました。上記の諸先生方，ご支援を賜りました皆様に，衷心より御礼を申し上げます。

　最後に，本書籍の出版にあたり福村出版の宮下基幸様，天野里美様にはひとかたならぬご尽力をいただきました。本書の出版は，お二方のご支援とご助力がなくては実現しなかったと感じております。ここに記して，厚く御礼を申し上げます。

2012 年 10 月

金藤　ふゆ子

追記：本書は，日本学術振興会科学研究費補助金基盤研究B「初等教育段階の児童を対象とする放課後活動支援のあり方に関する国際比較研究」（課題番号22402051，研究代表 金藤ふゆ子）の補助金を得て実施した研究をもととしている。

執筆者〈執筆順，（　）は執筆担当箇所〉

結城　光夫　（第1章1・3）国立青少年教育振興機構
　　　　　　　　　　　　　国立オリンピック記念青少年総合センター所長代理
金藤　ふゆ子（第1章2，第5章1～3，巻末資料6）常磐大学人間科学部教授
錦織　嘉子　（第2章，巻末資料3）在英国研究協力者
岩崎　久美子（第3章1・4）国立教育政策研究所生涯学習政策研究部総括研究官
小林　純子　（第3章2・3，巻末資料4）南山大学外国語学部講師
明石　要一　（第4章）千葉大学教育学部教授
土屋　隆裕　（第5章4）統計数理研究所准教授

翻訳協力

金　　光明　（第4章図表，巻末資料5）平和博物館日本支部長
長尾　果林　（巻末資料1）フンボルト大学（ベルリン）在籍中，ドイツ語通翻訳者
鈴木　敦司　（巻末資料2）ドイツ語翻訳者

児童の放課後活動の国際比較
――ドイツ・イギリス・フランス・韓国・日本の最新事情

2012年10月30日　初版第1刷発行

著　者　　明石 要一・岩崎 久美子・金藤 ふゆ子・小林 純子・
　　　　　土屋 隆裕・錦織 嘉子・結城 光夫
発行者　　石井 昭男
発行所　　福村出版株式会社
〒113-0034　東京都文京区湯島2-14-11
電話　03-5812-9702　FAX 03-5812-9705
http://www.fukumura.co.jp

印刷　　株式会社文化カラー印刷
製本　　本間製本株式会社

©Y.Akashi, K.Iwasaki, F.Kanefuji, S.Kobayashi, T.Tsuchiya,
　Y.Nishigori & M.Yuki　2012
Printed in Japan
ISBN978-4-571-10163-2
乱丁本・落丁本はお取替え致します。
定価はカバーに表示してあります。

福村出版◆好評図書

M. ロシター・M.C. クラーク 編
立田慶裕・岩崎久美子・金藤ふゆ子・佐藤智子・荻野亮吾 訳
成人のナラティヴ学習
● 人生の可能性を開くアプローチ
◎2,600円　ISBN978-4-571-10162-5　C3037

人は，なぜ，どのように，語ることを通して学ぶのか。ナラティヴが持つ教育的な意義と実践を明快に説く。

S.B. メリアム 編／立田慶裕・岩崎久美子・金藤ふゆ子・荻野亮吾 訳
成人学習理論の新しい動向
● 脳や身体による学習からグローバリゼーションまで
◎2,600円　ISBN978-4-571-10153-3　C3037

生涯にわたる学習を実践する人々に，新たなビジョンを与え，毎日の行動をナビゲートする手引書。

立田慶裕・井上豊久・岩崎久美子・金藤ふゆ子・佐藤智子・荻野亮吾 著
生涯学習の理論
● 新たなパースペクティブ
◎2,600円　ISBN978-4-571-10156-4　C3037

学習とは何か，学びに新たな視点を提示して，毎日の実践を生涯学習に繋げる，新しい学習理論を展開する。

田丸敏高・河崎道夫・浜谷直人 編著
子どもの発達と学童保育
● 子ども理解・遊び・気になる子
◎1,800円　ISBN978-4-571-10158-8　C1037

子どもの発達の諸相を理解し，遊びの意味や実践，気になる子どもへの対応など学童保育の実際と課題を学ぶ。

心理科学研究会 編
小学生の生活とこころの発達
◎2,300円　ISBN978-4-571-23045-5　C3011

心理学的知見から，学齢毎の発達に関わる課題を読み解く。より深く子どもを理解したい教育関係者必読の書。

小野善郎・保坂亨 編著
移行支援としての高校教育
● 思春期の発達支援からみた高校教育改革への提言
◎3,500円　ISBN978-4-571-10161-8　C3037

思春期・青年期から成人への移行期を発達精神病理学的に理解し，移行支援としての高校教育を考察する。

近藤邦夫 著／保坂亨 他 編
学校臨床心理学への歩み
子どもたちとの出会い，教師たちとの出会い
● 近藤邦夫論考集
◎5,000円　ISBN978-4-571-24042-3　C3011

著者が提唱した「学校臨床心理学」を論文集から繙く。子ども，学生，教師，学校現場に不変の理念を示唆する。

◎価格は本体価格です。